肇论

中国佛学经典宝藏

12

洪修平 释译

星云大师总监修

人民东方出版传媒

东方出版社

总序

星云

自读首楞严，从此不尝人间糟糠味；

认识华严经，方知已是佛法富贵人。

诚然，佛教三藏十二部经有如暗夜之灯炬、苦海之宝筏，为人生带来光明与幸福，古德这首诗偈可说一语道尽行者阅藏慕道、顶戴感恩的心情！可惜佛教经典因为卷帙浩瀚、古文艰涩，常使忙碌的现代人有义理远隔、望而生畏之憾，因此多少年来，我一直想编纂一套白话佛典，以使法雨均沾，普利十方。

一九九一年，这个心愿总算有了眉目。是年，佛光山在中国大陆广州市召开"白话佛经编纂会议"，将该套丛书定名为《中国佛教经典宝藏》①。后来几经集思广

---

① 编者注：《中国佛教经典宝藏》丛书，大陆出版时改为《中国佛学经典宝藏》丛书。

益，大家决定其所呈现的风格应该具备下列四项要点：

一、启发思想：全套《中国佛教经典宝藏》共计百余册，依大乘、小乘、禅、净、密等性质编号排序，所选经典均具三点特色：

1. 历史意义的深远性

2. 中国文化的影响性

3. 人间佛教的理念性

二、通顺易懂：每册书均设有原典、注释、译文等单元，其中文句铺排力求流畅通顺，遣词用字力求深入浅出，期使读者能一目了然，契入妙谛。

三、文简意赅：以专章解析每部经的全貌，并且搜罗重要的章句，介绍该经的精神所在，俾使读者对每部经义都能透彻了解，并且免于以偏概全之谬误。

四、雅俗共赏：《中国佛教经典宝藏》虽是白话佛典，但亦兼具通俗文艺与学术价值，以达到雅俗共赏、三根普被的效果，所以每册书均以题解、源流、解说等章节，阐述经文的时代背景、影响价值及在佛教历史和思想演变上的地位角色。

兹值佛光山开山三十周年，诸方贤圣齐来庆祝，历经五载、集二百余人心血结晶的百余册《中国佛教经典宝藏》也于此时隆重推出，可谓意义非凡，论其成就，则有四点可与大家共同分享：

一、**佛教史上的开创之举**：民国以来的白话佛经翻译虽然很多，但都是法师或居士个人的开示讲稿或零星的研究心得，由于缺乏整体性的计划，读者也不易窥探佛法之堂奥。有鉴于此，《中国佛教经典宝藏》丛书突破窠臼，将古来经律论中之重要著作，做有系统的整理，为佛典翻译史写下新页！

二、**杰出学者的集体创作**：《中国佛教经典宝藏》丛书结合中国大陆北京、南京各地名校的百位教授、学者通力撰稿，其中博士学位者占百分之八十，其他均拥有硕士学位，在当今出版界各种读物中难得一见。

三、**两岸佛学的交流互动**：《中国佛教经典宝藏》撰述大部分由大陆饱学能文之教授负责，并搜录台湾教界大德和居士们的论著，借此衔接两岸佛学，使有互动的因缘。编审部分则由台湾和大陆学有专精之学者从事，不仅对中国大陆研究佛学风气具有带动启发之作用，对于台海两岸佛学交流更是帮助良多。

四、**白话佛典的精华集萃**：《中国佛教经典宝藏》将佛典里具有思想性、启发性、教育性、人间性的章节做重点式的集萃整理，有别于坊间一般"照本翻译"的白话佛典，使读者能充分享受"深入经藏，智慧如海"的法喜。

今《中国佛教经典宝藏》付梓在即，吾欣然为之作序，并借此感谢慈惠、依空等人百忙之中，指导编修；吉广舆等人奔走两岸，穿针引线；以及王志远、赖永海等大陆教授的辛勤撰述；刘国香、陈慧剑等台湾学者的周详审核；满济、永应等"宝藏小组"人员的汇编印行。由于他们的同心协力，使得这项伟大的事业得以不负众望，功竟圆成！

《中国佛教经典宝藏》虽说是大家精心擘划、全力以赴的巨作，但经义深邈，实难尽备；法海浩瀚，亦恐有遗珠之憾；加以时代之动乱，文化之激荡，学者教授于契合佛心，或有差距之处。凡此失漏必然甚多，星云谨以愚诚，祈求诸方大德不吝指正，是所至祷。

一九九六年五月十六日于佛光山

原版序
敲门处处有人应

慈惠

　　《中国佛教经典宝藏》是佛光山继《佛光大藏经》之后，推展人间佛教的百册丛书，以将传统《大藏经》精华化、白话化、现代化为宗旨，力求佛经宝藏再现今世，以通俗亲切的面貌，温渥现代人的心灵。

　　佛光山开山三十年以来，家师星云上人致力推展人间佛教，不遗余力，各种文化、教育事业蓬勃创办，全世界弘法度化之道场应机兴建，蔚为中国现代佛教之新气象。这一套白话精华大藏经，亦是大师弘教传法的深心悲愿之一。从开始构想、擘划到广州会议落实，无不出自大师高瞻远瞩之眼光，从逐年组稿到编辑出版，幸赖大师无限关注支持，乃有这一套现代白话之大藏经问世。

　　这是一套多层次、多角度、全方位反映传统佛教文化的丛书，取其精华，舍其艰涩，希望既能将《大藏经》

深睿的奥义妙法再现今世，也能为现代人提供学佛求法的方便舟筏。我们祈望《中国佛教经典宝藏》具有四种功用：

一、是传统佛典的精华书

中国佛教典籍汗牛充栋，一套《大藏经》就有九千余卷，穷年皓首都研读不完，无从赈济现代人的枯槁心灵。《宝藏》希望是一滴浓缩的法水，既不失《大藏经》的法味，又能有稍浸即润的方便，所以选择了取精用弘的摘引方式，以舍弃庞杂的枝节。由于执笔学者各有不同的取舍角度，其间难免有所缺失，谨请十方仁者鉴谅。

二、是深入浅出的工具书

现代人离古愈远，愈缺乏解读古籍的能力，往往视《大藏经》为艰涩难懂之天书，明知其中有汪洋浩瀚之生命智慧，亦只能望洋兴叹，欲渡无舟。《宝藏》希望是一艘现代化的舟筏，以通俗浅显的白话文字，提供读者遨游佛法义海的工具。应邀执笔的学者虽然多具佛学素养，但大陆对白话写作之领会角度不同，表达方式与台湾有相当差距，造成编写过程中对深厚佛学素养与流畅白话语言不易兼顾的困扰，两全为难。

三、是学佛入门的指引书

佛教经典有八万四千法门，门门可以深入，门门是无限宽广的证悟途径，可惜缺乏大众化的入门导览，不易寻觅捷径。《宝藏》希望是一支指引方向的路标，协助十方大众深入经藏，从先贤的智慧中汲取养分，成就无上的人生福泽。

四、是解深入密的参考书

佛陀遗教不仅是亚洲人民的精神归依，也是世界众生的心灵宝藏。可惜经文古奥，缺乏现代化传播，一旦庞大经藏沦为学术研究之训诂工具，佛教如何能扎根于民间？如何普济僧俗两众？我们希望《宝藏》是百粒芥子，稍稍显现一些须弥山的法相，使读者由浅入深，略窥三昧法要。各书对经藏之解读诠释角度或有不足，我们开拓白话经藏的心意却是虔诚的，若能引领读者进一步深研三藏教理，则是我们的衷心微愿。

大陆版序一

《中国佛教经典宝藏》是一套对主要佛教经典进行精选、注译、经义阐释、源流梳理、学术价值分析，并把它们翻译成现代白话文的大型佛学丛书，成书于二十世纪九十年代，由台湾佛光文化事业有限公司出版，星云大师担任总监修，由大陆的杜继文、方立天以及台湾的星云大师、圣严法师等两岸百余位知名学者、法师共同编撰完成。十几年来，这套丛书在两岸的学术界和佛教界产生了巨大的影响，对研究、弘扬作为中国传统文化重要组成部分的佛教文化，推动两岸的文化学术交流发挥了十分重要的作用。

《中国佛学经典宝藏》则是《中国佛教经典宝藏》的简体字修订版。之所以要出版这套丛书，主要基于以下的考虑：

首先，佛教有三藏十二部经、八万四千法门，典籍浩瀚，博大精深，即便是专业研究者，穷其一生之精力，恐也难阅尽所有经典，因此之故，有"精选"之举。

其次，佛教源于印度，汉传佛教的经论多译自梵语；加之，代有译人，版本众多，或随音，或意译，同一经文，往往表述各异。究竟哪一种版本更契合读者根机？哪一个注疏对读者理解经论大意更有助益？编撰者除了标明所依据版本外，对各部经论之版本和注疏源流也进行了系统的梳理。

再次，佛典名相繁复，义理艰深，即便识得其文其字，文字背后的义理，诚非一望便知。为此，注译者特地对诸多冷僻文字和艰涩名相，进行了力所能及的注解和阐析，并把所选经文全部翻译成现代汉语。希望这些注译，能成为修习者得月之手指、渡河之舟楫。

最后，研习经论，旨在借教悟宗、识义得意。为了将其思想义理和现当代价值揭示出来，编撰者对各部经论的篇章品目、思想脉络、义理蕴涵、学术价值等所做的发掘和剖析，真可谓殚精竭虑、苦心孤诣！当然，佛理幽深，欲入其堂奥、得其真义，诚非易事！我们不敢奢求对于各部经论的解读都能鞭辟入里，字字珠玑，但希望能对读者的理解经义有所启迪！

习近平主席最近指出："佛教产生于古代印度，但传入中国后，经过长期演化，佛教同中国儒家文化和道家文化融合发展，最终形成了具有中国特色的佛教文化，给中国人的宗教信仰、哲学观念、文学艺术、礼仪习俗等留下了深刻影响。"如何去研究、传承和弘扬优秀佛教文化，是摆在我们面前的一个重要课题，人民东方出版传媒有限公司拟对繁体字版的《中国佛教经典宝藏》进行修订，并出版简体字版的《中国佛学经典宝藏》，随喜赞叹，寥寄数语，以叙因缘，是为序。

二〇一六年春于南京大学

大陆版序二

依空

身材高大、肤色白皙、擅长军事的亚利安人，在公元前四千五百多年从中亚攻入西北印度，把当地土著征服之后，为了彻底统治这里的人民，建立了牢不可破的种姓制度，创造了无数的神祇，主要有创造神梵天、破坏神湿婆、保护神毗婆奴。人们的祸福由梵天决定，为了取悦梵天大神，需要透过婆罗门来沟通，因为他们是从梵天的口舌之中生出，懂得梵天的语言——繁复深奥的梵文，婆罗门阶级是宗教祭祀师，负责教育，更掌控了神与人之间往来的话语权。四种姓中最重要的是刹帝利，举凡国家的政治、经济、军事、文化等等都由他们实际操作，属贵族阶级，由梵天的胸部生出。吠舍则是士农工商的平民百姓，由梵天的膝盖以上生出。首陀罗则是被踩在梵天脚下的土著。前三者可以轮回，纵然几世轮转都无法脱离原来种姓，称为再生族；首陀罗则连轮回的因缘都没有，为不生族，生生世世为首陀罗，子孙也倒霉跟着宿命，无法改变身份。相对于此，贱民比首陀罗更为卑微、低贱，连四种姓都无法跻身其中，只能从事挑粪、焚化尸体等最卑贱、龌龊的工作。

出身于高贵种姓释迦族的悉达多太子，为了打破种姓制度的桎梏，舍弃既有的优越族姓，主张一切众生皆平等，成正等觉，创立了佛教僧团。为了贯彻佛教的平等思想，佛陀不仅先度首陀罗身份的优婆离出家，后度释迦族的七王子，先入山门为师兄，树立僧团伦理制度。佛陀更严禁弟子们用贵族的语言——梵文宣讲佛法，而以人民容易理解的地方口语来演说法义，这就是巴利文经典的滥觞。佛陀认为真理不应该是属于少数贵族、知识分子的专利或装饰，而应该更贴近普罗大众，属于平民百姓共有共知。原来佛陀早就在推动佛法的普遍化、大众化、白话化的伟大工作。

佛教从西汉哀帝末年传入中国，历经东汉、魏晋南北朝、隋唐的漫长艰巨的译经过程，加上历代各宗派祖师的著作，积累了庞博浩瀚的汉传佛教典籍。这些经论义理深奥隐晦，加以书写的语言文字为千年以前的古汉文，增加现代人阅读的困难，只能望着汗牛充栋的三藏十二部扼腕慨叹，裹足不前。

如何让大众轻松深入佛法大海，直探佛陀本怀？佛光山开山宗长星云大师乃发起编纂《中国佛教经典宝藏》。一九九一年，先在大陆广州召开"白话佛经编纂会议"，订定一百本的经论种类、编写体例、字数等事项，礼聘中国社科院的王志远教授、南京大学的赖永海教授分别为中国大陆北方与南方的总联络人，邀请大陆各大学的佛教学者撰文，后来增加台湾部分的三十二本，是为一百三十二册的《中国佛教经典宝藏精选白话版》，于一九九七年，作为佛光山开山三十周年的献礼，隆重出版。

六七年间我个人参与最初的筹划，多次奔波往来于大陆与台湾，小心谨慎带回作者原稿，印刷出版、营销推广。看到它成为佛教徒家中的传家宝藏，有心了解佛学的莘莘学子的入门指南书，为星云大师监修此部宝藏的愿心深感赞叹，既上契佛陀"佛法不舍一众"的慈悲本怀，更下启人间佛教"普世益人"的平等精神。尤其可喜者，欣闻现大陆出版方东方出版社潘少平总裁、彭明哲副总编亲自担纲筹划，组织资深编辑精校精勘；更有旅美企业家鲁彼德先生事业有成之际，秉"十方来，十方去，共成十方事"之襟怀，促成简体字版《中国佛学经典宝藏》的刊行。今付梓在即，是为序，以表随喜祝贺之忱！

二〇一六年元月

目　录

题

解

内容大纲

《肇论》是东晋时期著名佛学理论家僧肇著作的汇集，共包括四篇重要的佛学专论，在批判总结魏晋玄佛合流的基础上，分别从不同的方面发挥了佛教般若性空学说，它们是：

（一）《物不迁论》，主要论述了动静问题，论证动静变化都是不真实的假象，破除人们对"有物流动"的执着。

（二）《不真空论》，主要从有无观上立论，论证世界万法既不是真有，也不是真无，而是非有非无，有无皆空。万法皆空，并非万法不存在，而是万法虚假不真实。"譬如幻化人，非无幻化人，幻化人非真人也。"不真故空，不真即空，这是贯穿《肇论》的一个基本思想。

（三）《般若无知论》，主要发挥"以无知之般若，照彼无相之真谛"的般若空观之义旨，即以佛教的般若智慧来观照万法性空的真实本质。论文特别对佛教般若智慧的无名无相、无知而无所不知的特征作了论证。文后附有庐山名士刘遗民的《书问》和僧肇的《答刘遗民书》。在《答刘遗民书》中，僧肇针对刘遗民的提问，进一步对般若空观作了阐述。

（四）《涅槃无名论》，这是将般若性空学说用于解释佛教理想的涅槃解脱之圣境，说明涅槃既非世俗的有，也非世俗的无，它寂寥虚旷，不可以名得，微妙无相，不可以有心知，对无名无说、超言绝相的涅槃是不可有任何执着的。

在上述四篇论文之前，有一篇概括性的文字，标名《宗本义》，载于《肇论》卷首，近似全书的纲领。

现存《肇论》约成书于南朝梁、陈时。由于《肇论》文辞优美，思想深邃，哲理性强，因而历来受到中外学者的重视。自南朝以后，几乎历代都有人为之注疏。其中以陈代慧达的《肇论疏》为最早，唐代元康的《肇论疏》为最详。除宋元明清各代《大藏经》都将《肇论》收录外，清严可均《全晋文》也收录了僧肇的主要著作。本书全文载录的《肇论》依据的是上海佛学书局影印的宋本《肇论中吴集解》。

僧肇生平及其思想简介

《肇论》的作者僧肇（公元三八四—四一四年），据《高僧传》卷六《僧肇传》载，俗姓张，京兆长安（今陕西西安）人，出生于一个贫苦的家庭。由于家境贫寒，僧肇以代人抄书为业。"遂因缮写，乃历观经史"，熟悉了中国的传统文化，这为他日后融会中印思想，在中国化佛学方面作出重要的理论贡献奠定了基础。

两晋时期，社会上老庄玄学盛行，僧肇对此也有特别的兴趣，他"志好玄微，每以庄老为心要"，但僧肇读老子的《道德经》，又常有不满足之感，觉得《道德经》"美则美矣，然期栖神冥累之方，犹未尽善也"，即认为老庄玄理虽然十分美妙，但还不是尽善尽美，尚不足以引导人们趋于冥除各种牵累的精神解脱之境。

后来僧肇见到三国时支谦译的《维摩经》，"欢喜顶受，披寻玩味，乃言始知所归矣。因此出家。"这就是说，僧肇是在《维摩经》的影响下离开老庄，皈依佛门的。这与当时的社会和时代风气都有密切的关系。

《维摩经》对《肇论》的影响也是巨大的。有学者认为，《肇论》虽然广泛引用了不少经论，但从根本上说，都是"用《维摩经》去会通其他经论的"①，这有一定的道理。《维摩经》是一部在中土相当流行的大乘佛教经典，很受佛教徒和文人士大夫的欢迎。此经曾与《楞伽经》和《圆觉经》并称为"禅门三经"，可见其在中国佛教中的地位。

《维摩经》之所以受到朝野僧俗的普遍欢迎，并对僧肇的思想产生巨大影响，与它的内容和特点有密切的关系。将它与老庄玄学作一简单比较就可发现，在老庄那里，有的只是玄理，他们的人生哲学有一种消极的避世主义倾向，对现实的社会政治采取完全不合作的态度，把人类的原始状态视为理想社会。玄学以老庄的玄思来解释儒学，探讨名教与自然的关系，虽然崇尚玄远虚无，却仍然没有超脱世俗的封建名教，实质上还是在为封建名教的存在寻找新的理论根据。

《维摩经》则不仅有高深的玄远之理，更有美妙的佛国净土，并提出了摆脱尘世烦恼的宗教修行方法，对超凡入圣的必要性、可能性及其实现的途径都提供了一整套的理论。特别是经中通过维摩居士这一生动形象，宣说了大乘般若智慧与善权方便的不思议解脱法门，强调了"若菩萨欲得净土，当净其心，随其心净，则佛土净"（大正十四·页五三八下）的唯心净土思想，沟通了世间与出世间的联系。这种出世不离入世、理想社会就在现实中的理论，对于生活在现实苦难中的人来说，确实提供了栖神冥累的"良方"。

僧肇由老庄转向佛教，并不是偶然的。僧肇在发挥般若性空学说时，始终没有抽象地空谈玄理，而是处处以般若学说来指导现实的人生，这也是《肇论》的基本特点之一。

僧肇出家以后又"学善方等，兼通三藏"。"方等"是佛教大乘经典的总称，"三藏"即指佛教的经、律、论三藏。这是说，熟悉传统文化的僧肇出家以后，凭着他的少年英才和勤奋刻苦，又精通了佛学。不到二十岁，僧肇就已"名震关辅"，在潼关以西长安一带相当有名气了。当时有些"竞誉之徒"对僧肇的才学既忌妒又怀疑，有人甚至千里负粮前来与僧肇辩论。僧肇"才思幽玄，又善谈说，承机挫锐，曾不流滞"。长安一带的"宿儒"和关外的"英彦"皆为僧肇的学识和辩才所折服。

正当年轻的僧肇在佛学方面初露才华之时，著名佛经翻译家鸠摩罗什来到了中国，先停留在当时凉州的治所姑臧（今甘肃省武威县），僧肇仰慕其高名，"自远从之"。从此，僧肇开始了他佛教生涯中的新阶段。

鸠摩罗什生平及译经事业

僧肇由长安千里迢迢来到姑臧从之受学的罗什大师

（公元三四四—四一三年），是中国佛教史上的四大译经家②之一，也是弘传般若三论之学③的重要佛教理论家。其父为天竺人，因不愿嗣"相国"位而东度葱岭，来到西域龟兹国（今新疆库车、沙雅二县间），龟兹王迎为"国师"，并以妹妻之。罗什生于龟兹，七岁随母出家，先学小乘，后随母到罽宾（今克什米尔），又至沙勒（今新疆西北的喀什噶尔一带），改学了大乘。回龟兹后，罗什广读大乘经论，名震西域诸国。东晋名僧释道安在长安闻罗什之名，常劝前秦王苻坚西迎罗什。

因此，前秦建元十九年（公元三八三年），苻坚派遣骁骑将军吕光率兵七万西进时特别关照吕光，若攻克龟兹，立即将罗什送至长安。吕光破龟兹，获罗什，在归途中，闻苻坚被杀，便留住凉州称王。罗什亦随之在当时中西交通的要塞凉州滞留达十六年之久。在此期间，罗什虽然没有从事译经等佛事活动，但学习了汉语，熟悉了汉地文化。僧肇从关中前来拜罗什为师，在随其学习的同时，也把内地的佛教情况向罗什作了介绍。这些都为罗什今后的译经弘法活动做了必要的准备。僧肇在罗什门下学习十分努力，深得罗什的赞赏。

姚秦弘始三年（公元四〇一年），后秦主姚兴迎罗什到长安，待以国师之礼，僧肇也随之同至。姚兴将罗什请入西明阁及逍遥园，译出大量经典，并命僧肇等八百余沙门前往受学，协助译经。姚兴自己也曾亲临听讲，并参与译校佛经。在最高统治者的大力扶植与倡导下，以罗什为中心形成了一个庞大的佛教僧团，沙门自远而至者达五千余人。僧肇是罗什众多弟子中的佼佼者，最著名的所谓"四圣""八俊""十哲"④，僧肇都是其中之一。

僧肇等具有深厚传统文化功底的中国僧人，协助罗什共译出佛典三十余部三百余卷（也有说多达九十八部四百二十五卷的），这些译经文质兼备，达到了前所未有的新水平。这些新译出的佛经对中国佛教发生了极其重大的影响，其中大、小品《般若经》和《中论》《百论》《十二门论》（合称"三论"）、《大智度论》（与"三论"合称"四论"）等系统发挥的般若性空之学，经僧肇等人的发扬光大，更是与涅槃佛性的理论一起成为中国佛学的基本理论主干。罗什基本上是一个"译而不作"的译师，他所系统译介的般若三论思想之所以能在中土发生广泛而深远的影响，全赖其众弟子的努力，其中又以僧肇作出的贡献为最大。

僧肇阐释般若性空学的缘由

罗什当时译经，仍然承袭着汉魏以来的风气，在译经的同时即行宣讲。僧肇等人在协助罗什译经的同时也就从之受学，听罗什讲解经文。有时还把罗什的讲解加以整理，作为译出经典的注释。例如僧肇在罗什重译《维摩经》以后作有《维摩经注》，收集了罗什的讲说，也根据自己听讲后的理解与体会为经作了注。僧肇跟随罗什多年，时时咨禀，所悟甚多，对罗什所传的般若三论之学领会极深，并有独到的体会。他深感当时中国佛教界对般若性空学说理解得不准确，有些佛教论著甚至"文义舛杂""时有乖谬"，因而就著论发表自己的见解。

他在批判总结当时玄学化的般若学各派学说的基础上，系统阐发从罗什那里学来的中观般若思想，写下了一系列在中国佛教史乃至整个中国思想史上产生巨大影响的重要论文。其代表作即为《肇论》所收录的几篇佛学专论。

由于僧肇思想深邃，文辞优美，在阐发佛理时大量融合吸收了传统思想，特别是当时盛行的老庄玄学的思想与方法，因而受到了广泛的欢迎和高度的评价。

僧肇在协助罗什重新译出《大品般若经》之后，把自己在译经过程中听讲的体会写成《般若无知论》，约二千余言，呈给罗什。罗什读后称善，并对僧肇说："吾解不谢子，辞当相挹。"即在充分肯定僧肇对般若理解的同时，还谦虚地认为自己的文辞不如僧肇。当时年届六十的罗什已是蜚声中外的佛学大师，而僧肇还只是才满二十岁的年轻人。从罗什的话语中可以看到僧肇的少年才气以及罗什对他的高度赞赏。

不久以后，与僧肇同在罗什门下受学的名僧竺道生南下路过庐山时，将僧肇的《般若无知论》带给了庐山隐士刘遗民，刘遗民对此论也大为欣赏，赞叹地说："不意方袍⑤，复有平叔⑥。"想不到僧人中间又出了一位何晏！这是把僧肇与玄学的开山人物之一何晏相提并论。刘遗民又把文章送给了慧远，"远乃抚几叹曰：'未尝有也。'"当时南方佛教界的领袖慧远对僧肇的文章也给予了极高的评价。

此后，刘遗民还专门与僧肇书信往来，共同探讨般若大义。刘遗民在给僧肇的信中称"《般若无知论》才运清俊，旨中沉允，推步圣文，婉然有归"，自己"披味殷勤，不能释手"。同时，刘遗民又将自己读《论》所存有的疑问提示来向僧肇请教。僧肇在复信中对刘遗民提出的疑问认真地作了详细的解答。《肇论》中现在保存的《答刘遗民书》成为研究僧肇的重要思想资料。

不久，僧肇又先后写成《不真空论》和《物不迁论》等发挥般若性空之义的重要佛学论文，都得到了罗什的高度评价。东晋义熙九年（公元四一三年），罗什寂于长安。为纪念罗什大师，僧肇乃著《涅槃无名论》。论成之后，上表于后秦主姚兴。姚兴读《涅槃无名论》后，大加赞赏，"答旨殷勤，备加赞述。即敕令缮写，班诸子侄"。

罗什谢世的第二年，即东晋义熙十年（公元四一四年），僧肇亦卒于长安。《高僧传·僧肇传》中有"春秋三十有一矣"的记载，由此可推知，僧肇的生卒年为公元三八四至四一四年。但日本学者对此曾提出过不同的意见，认为根据僧肇的学业情况和跟随罗什的经历，僧肇的年龄可能是四十一岁，只是由于以前四十写为"卌"，在传抄过程中少写了一竖而误写成了"卅"。此说虽似难以苟同，但对僧肇的年龄提出怀疑则是有一定道理的。

僧传上说僧肇精通内外之学，"及在冠年，而名振关辅"，此后便是千里之外有人来找他辩论，他自己又千里迢迢奔赴姑臧从罗什受学，然后再在公元四○一年随罗什回到长安（罗至长安的时间是确定的，各种资料的记载均同），如果按僧肇生于公元三八四年来推算，僧肇随罗什回到长安时也才虚岁十八岁，仍然未及冠年，这其中显然是有问题的。因此，关于僧肇的年龄和经历，还有进一步研究的余地。

《肇论》对佛教般若学取代玄学的推动之影响力

僧肇在罗什众多的弟子中年纪最轻，对后世的影响却最大，也是最有才华的一个。他在中国佛教史上的影响与地位主要在他对佛教理论的贡献。他的著作并不多，主要就是上面提到的收集在《肇论》中的几篇论文，此外还有《维摩经注》以及几篇佛教经论的序文，对《肇论》的思想有所发挥和补充。至于现行经典中所收有的《宝藏论》，谓为僧肇作，经考证，一般认为是伪托。⑦

现存《肇论》为南朝梁陈时人所编，其中四篇重要的佛学专论在南朝宋明帝（公元四六五—四七一年）时陆澄所编的《法论目录》中都已载录，但卷首的《宗本义》却未见载录，其真伪难下定论。有人认为《宗本义》的思想内容显然不同于《物不迁》等各论，"其为伪作，可无疑义"⑧；也有人认为虽然《宗本义》的真伪难辨，"但基本思想与僧肇的其他诸论并无矛盾"⑨。我们基本赞同后一种看法。

关于僧肇著作的真伪，《肇论》中《涅槃无名论》引起的争议最大，中外学者多有怀疑其为后人伪作者。但依我们看来，判定此论为伪作的根据尚不充分，从该论的思想内容到论证方法，并联系僧肇的学历和有关记载等多方面情况来看，此论还是僧肇的作品。

从总体上看，《肇论》是一个完整的佛教哲学体系，它在回答当时玄学提出的一些主要理论问题，也是佛学中带有根本性的问题时，系统地阐发了佛教的般若性空思想，由于僧肇能够克服前人的局限，比较全面而准确地领会并掌握般若性空的要义，因而曾赢得罗什大师"秦人解空第一者，僧肇其人"的赞誉。

联系中国学术思想和中国佛教的发展，我们可以清楚地看到《肇论》的重要历史地位。就佛教的发展来说，传入中国的佛教最初是以轮回报应等宗教学说在社会上发生影响的，随着译经的增多，人们开始转向对佛教义理的探讨，特别是玄风的盛行，使佛教般若学也随之逐渐繁兴起来。但由于早期译经不很完备，给人们的理解带来了困难，而汉魏以来佛教广泛使用的"格义"⑩方法，也给了人们自由发挥的余地，因而殊论纷争，出现了般若学的"六家七宗"等诸多的学派。

随着罗什大师译经传教，把印度龙树的中观般若学系统地介绍到中国来，般若空义得以大明，"格义"等解佛的方法逐渐被废弃。这时，僧肇顺应着依据佛教经典来统一佛教义理的时代需要，建立了一个比较完整的佛教哲学思想体系，把中国佛教的发展推向了一个新阶段。

再从当时玄学发展的情况来看，玄学经过多年的发展，在理论上亟须有新的突破。从王弼的"贵无论"到裴頠的"崇有论"，最后到郭象的"独化论"，都是从理论上探讨名教与自然的关系。到郭象"名教即自然"的出现，玄学的发展已经到了它的顶峰，也到了它的极限。玄学要有新的发展，就需要寻找新的出路，吸收新的养料，佛教般若学的高度思辨正好能满足玄学发展的需要。

略早于僧肇的东晋名僧支道林的以佛解《庄》，被认为是超过了郭象的"新解"而得到当时玄学界的一致推崇和赞赏，就充分反映了这一点。《肇论》以佛教般若学的思辨来解答当时玄学提出的主要理论问题，用"绝名教而超自然"的佛学理论发展了玄学，并最终取代了玄学，对中国学术思想由魏晋玄学过渡到南北朝隋唐的佛学，起了巨大的推动作用。

还可以从玄佛合流的情况来看。佛教和玄学的发展都在新形势下提出了新的要求，两者的合流也需要有人出来作出总结。玄佛合流指的是魏晋玄学和般若学的相互影响、相互渗透。佛教般若学自从依附玄学得到了很大的发展，玄学化的般若学"六家七宗"一度成为学术思潮的主流，但由于它并没有真正全面把握般若空义，达到佛教般若学的思辨高度，因此，它没有能够完全包容和吸收玄学，玄学也没有能够借助佛教般若学而有真正的重大突破。这时，就需要有一种能同时容纳玄学和佛学的更为高超的理论，来把玄佛合流推向新的高度。完成这一理论任务的正是僧肇的思想体系。

《肇论》比较准确地掌握了龙树的中观学，用佛教的理论思辨解决了玄学长期争论而一直没有解决的问题，在批判玄学化的般若学各家学说的同时，也间接地批判了玄学的各派，从而对玄佛合流作出了理论上的总结。

《肇论》对中国佛教思想发展的历史贡献

《肇论》的思想比较符合《般若经》和龙树中观学的原意，但它并不是印度佛学的复制品。因为僧肇在阐发佛教思想时，并没有机械地照本宣科，而是经过了他本人的消化理解和加工。僧肇十分注意从传统的思想中吸取养料，他融会中外思想而在中国佛教发展史上首创的中国化佛教哲学思想体系，是佛教中国化的重要里程碑。

佛教在中土的流传发展，经历了一个不断中国化的过程。就其思辨理论而言，在《肇论》以前，各种思想学说或者是用中国固有的思想去比附佛教，即在佛教的招牌下宣扬老庄玄学等传统思想；或者只是抓住佛教的某一点思想加以发挥，而未能建立完整的思想体系。《肇论》则在前人的基础上，借助于罗什译出的大、小品《般若经》和"三论"，结束了对佛教的生吞活剥、牵强附会，开始了正式消化和传播。它既较为全面而准确地把握了印度佛学的要旨，又通过中国传统思想的概念、命题和结构形式来加以表达，形成了第一个比较完整的中国化的佛教哲学体系，从而把佛教的中国化推向了一个新的高度，为佛教摆脱对传统思想的依附而走上相对独立发展的道路，作出了重要的理论贡献。

由于《肇论》运用佛教的般若空观，既对当时的般若学派乃至玄学的各家观点都作出了评判总结，也站在佛教的基础上对玄佛合流作出了批评总结，因此，《肇论》所代表的僧肇的哲学思想体系既把玄佛合流推向了顶峰，也标志着魏晋玄佛合流的终结，并在客观上结束了玄学的发展。在此之后，玄学虽仍有余波，但已没有多大的发展，中国化的佛教哲学理论则开始了自成体系的发展。继僧肇后不久，竺道生阐扬佛性论和顿悟说，进一步把佛教理论中国化。

经过南北朝百多年的发展，到隋唐时，随着统一王朝的建立，中国佛教宗派相继建立。各宗派在融合中外思想的基础上，都建立了自己的宗教哲学思想体系。《肇论》的佛教哲学思想，是中国学术思想从魏晋玄学和玄佛合流的局面，逐渐向南北朝及隋唐佛教哲学思想大发展的局面过渡的中介，它构成了中国思想发展史上不可缺少的一环。就此意义上说，《肇论》不但在中国佛教史上，而且在整个中国思想史上，都占有极其重要的地位。

《肇论》的历史地位决定了它对后人的影响是多方面的。其中最主要的是对以后的佛教学派和宗派的影响，特别是罗什译出"三论"，经《肇论》等用优美的中国化的语言加以阐扬而在中土得以广传，为三论宗的创立奠定了思想理论基础。隋唐时的三论宗，影响所及，远至日本，其创始人吉藏就多次强调自己的思想学说渊源来自罗什、僧肇之学，并称僧肇为"玄宗之始"，把僧肇奉为三论宗的始祖。

《肇论》所弘扬的是大乘空宗的思想，但其影响却超出了"空宗"的范围，中国佛教各宗派，天台、华严和禅宗，都深受其思想的影响，《肇论》中的许多话语甚至都曾被视为"禅语"而在禅门中广为流传。罗什所传的般若性空之学由于僧肇等人的弘扬实际上成了整个中国佛学的基本理论主干之一。即使是道教，也深受僧肇等人发挥的般若思想的影响，在成玄英等隋唐一些重要的道教思想家的哲学体系中可以清楚地看到"非有非无""心境两空"的般若性空思想。《肇论》所发挥的佛教思想通过对隋唐佛教和道教的影响而间接地对宋明理学产生的影响也是不可忽视的。

总之,《肇论》是中国古代思想宝库中不多见的哲学专论,为无上精品,其思想上承魏晋以来玄佛合流的遗风,下开佛教哲学理论在中土相对独立发展的先河,不仅对中国佛教作出了巨大的理论贡献,而且在中国思想史上也留下了光辉的篇章。《肇论》历来受到中外学者的重视,甚至形成一种专门的学问,这也就不足为怪了。

注释

①任继愈主编《中国佛教史》第二卷,第四七二页,中国社会科学出版社,一九八五年十一月版。

②中国佛教史上的四大译经家:一般作罗什、真谛、玄奘和不空。也有以"义净"替换"不空"的。

③指《般若经》和《中论》《百论》《十二门论》所宣扬的"一切皆空"之学。

④四圣:一般指僧肇、僧叡、道融、道生。八俊:四圣再加上僧契、昙影、慧严、慧观。十哲:八俊再加上道恒和道标。

⑤方袍:本为僧衣,此指僧人。

⑥平叔:玄学家何晏,字平叔。

⑦请参见汤用彤著《汉魏两晋南北朝佛教史》上册,第二三五—二三六页,中华书局,一九八三年三月版。

⑧石峻等编《中国佛教思想资料选编》第一卷，第一四〇页，中华书局，一九八一年六月版。

⑨任继愈主编《中国佛教史》第二卷，第四七一页，中国社会科学出版社，一九八五年十一月版。

⑩格义：即引用我国原有的名词、概念，特别是老庄术语，来比附解释佛教义理，以使中土人士更容易理解并接受佛教。到了与道安同时的康法朗及道安的同学竺法雅那里，格义的方法更有了一个经过刊定的统一格式。

经典

1 宗本义

宗本义①

本无②、实相③、法性④、性空⑤、缘会⑥，一义耳。何则？一切诸法⑦，缘会而生。缘会而生，则未生无有，缘离则灭。如其真有，有则无灭。

以此而推，故知虽今现有，有而性常自空。性常自空，故谓之性空。性空故，故曰法性。法性如是，故曰实相。实相自无，非推之使无，故名本无。

言不有不无者，不如有见常见⑧之有，邪见断见⑨之无耳。若以有为有，则以无为无。有既不有，则无无也。

夫不存无以观法者，可谓识法实相矣。是谓虽观有而无所取相。然则法相为无相之相，圣人之心为住无所住矣。三乘⑩等观性空而得道也。

性空者，谓诸法实相也。见法实相，故云正观⑪。若其异者，便为邪观⑫。设二乘⑬不见此理，则颠倒也。是以三乘观法无异，但心有大小为差耳。

沤和⑭般若⑮者，大慧之称也。诸法实相，谓之般若，能不形证，沤和功也。适化众生，谓之沤和；不染尘累，般若力也。然则般若之门观空，沤和之门涉有。

涉有未始迷虚，故常处有而不染。不厌有而观空，故观空而不证。是谓一念之力，权慧⑯具矣！一念之力，权慧具矣！好思，历然可解。

泥洹⑰尽谛⑱者，直结尽而已，则生死永灭，故谓尽耳。无复别有一尽处耳。

注释

①**宗本义**：是《肇论》一书的纲领性篇章，不知何时被列于《肇论》的卷首。有人认为这篇论文的思想内容不同于《肇论》中的其他各篇，因而判定其为伪作，我们不这样看。我们认为，《宗本义》的中心思想是将般若智慧和方便善巧结合起来，并以此来概括中观般若学的主要思想，这与僧肇的整个思想基本上是一致的。

②**本无**：早期汉译佛典受传统老庄道家思想的影响，

将"真如"的性空之义译为本无。例如，东汉译经大师支娄迦谶翻译的《道行般若经·照明品》中说："诸法本无。"后秦鸠摩罗什大师译的《摩诃般若波罗蜜经·集散品》中则译为"诸法性空"。

③**实相**：梵文 Dharmadhātu 的意译。意谓宇宙万法的"真实相状"。佛教认为，世俗认识的一切现象都是不真实的"假相"，唯有摆脱世俗认识才能显示诸法"常住不变"之真实相状，故称"实相"。实相是不可思议、不可言说的，只有佛教的智慧才能把握它。

④**法性**：梵文 Dharmadhātu 的意译。与实相等概念属同等性质，着重指万法的本性、本体。《成唯识论述记》卷九云："性者体义，一切法体，故名法性。"佛教各派对"法性"的内容有不同的解释。僧肇等般若学者以为诸法缘生，体性本无所有，故以"性空"为诸法"法性"。

⑤**性空**："性"为"自性"，谓一切有为法皆因缘而生，没有独立自存的、永恒不变的固有本性，故万法皆如梦如幻，空无实体，皆为不真实的"假有"。

⑥**缘会**：缘，因缘，指万法生灭变化的原因与条件；会，和会，聚合。佛教认为，一切事物的生起和变化都是因缘的和合，故万法但有假名，而无独立的实体或主宰者。

⑦**诸法**：泛指各种事物和现象，包括物质的和精神的，存在的和不存在的，过去的、现在的和未来的。

⑧**有见常见**：通常把有无对立起来，以所见之有为实有的见解。

⑨**邪见断见**：错误地以绝对的空无为无的见解。

⑩**三乘**：声闻、缘觉与菩萨的合称。"乘"是梵文Yāna的意译，意为乘载，即能乘载众生由生死之此岸到达解脱的彼岸，喻佛教所说的修持方法、途径或教说。佛教认为，人有三种"根器"，因此而有三种不同的达到解脱的方法、途径或教说，概称"三乘"。它们是：

（一）声闻乘：小根器人，只有"闻佛声教"才能通过观悟"四谛"的道理而达到自身的解脱，求证的最高果位为"阿罗汉"。

（二）缘觉乘：中根器人，能自己通过缘虑"十二因缘"之理而得道，求证的果位是"辟支佛（缘觉）"。

（三）菩萨乘：大根器人，修持大乘六度（布施、持戒、忍辱、精进、禅定、智慧），求无上菩提（觉悟），着重利他，利益众生，将于未来成就佛果。

⑪**正观**：在佛教"正智"指导下的正确的思惟观察。

⑫**邪观**：有违佛教之正说的思惟观察。

⑬**二乘**：指声闻与缘觉。

⑭**沤和**：梵文Upāya的音译，意译"方便""善权"

等；全称为"沤和俱舍罗"，是梵文 Upāyakauśalya 的音译，意译作"方便胜智""方便善巧"等。指以般若智慧的立场、观点和方法，为度脱众生而采取的种种灵活的方法。

⑮**般若**：梵文 prajñā 的音译，意译为"智""智慧"等；全称为"般若波罗蜜（多）"，是梵文 prajñāpāramitā 的音译，意译作"智度""明度（无极）"等。此为大乘"六度"之一，意谓通过智慧而到达涅槃解脱之彼岸。由于般若智慧乃是佛教所谓观性空实相的一种特殊智慧，是成佛所需的一种特殊认识，非一般人所能具有，为了区别于世俗一般的智慧，僧肇等中国僧人有时又将它译为"圣智"。

⑯**权慧**：善权与智慧的合称，这里指善权方便与般若智慧的统一。

⑰**泥洹**：梵文 Nirvāna 音译的旧译，新译一般作"涅槃"，意译为"灭""灭度""寂灭"等。指息灭生死轮回后获得的一种精神境界，是佛教全部修习所要达到的最高理想。佛教认为，人们之所以处于生死轮回的苦海中，就在于有烦恼和各种思想行为。通过修持而彻底断灭一切烦恼和生死诸苦，即为证得涅槃。

⑱**尽谛**：即灭谛，为佛教的"四谛"之一。早期汉译佛经译"苦、集、灭、道"四谛为"苦、习、尽、

道"。灭谛指断灭世俗的生死诸苦得以产生的一切原因，作为佛教的最高理想境界，亦称"涅槃"。

译文

佛教名词"本无""实相""法性""性空""缘会"等，其实都是一个意思。为什么呢？因为世界上的一切事物和现象，都是各种原因和条件（佛教称之为因缘）聚合在一起的结果。既然因缘聚合在一起，各种事物才得以生起，那么，因缘未合之时，便没有事物；各种因缘散离之时，事物便也就消灭。可见，人们所谓的"事物"，其实只是"缘会"而有，并非真有。如果事物是真正的有，那它就不会消灭为无。

由此可以推知，我们现在虽然见到种种"有"的存在，其实它们都是"假有"，而非真有，因为它们都没有独立自存、永恒不变的固有本性，它们的本性都是"空"。缘会而起的万法本性是空，故可谓之"性空"。既然"性空"是万法的本性，所以又可将"性空"称之为"法性"。万法的本性是"性空"，性空是万法的本来面目、真实相状，所以"性空""法性"又可称之为"实相"，意谓万法的真实相状。万法的真实相状即本性空无，这种本性空无是万法自己的本来面目，并非人们分析、推论的结果，因此，实相也就可以称之为"本无"了。

万法"性空"，但作为"假有"它又是存在的，所以我们不能说它是"无"；万法的存在是虚假不真实的，所以我们也不能简单地说它是"有"。当我们把万法的本性理解为"不有不无"的时候，意思就是说，不能把有和无对立起来，以有为"有"，那么也就必然以有的不存在为"无"。"无"既然是相对于"有"而言的，有"有"才有"无"，那么，没有了"有"，其实也就没有"无"了，哪有绝对的"无"可以执着呢？

只有不执着于"无"而把万法作为"假有"来观察，才能真正把握万法的实相。这就叫做虽观有而无所取相。既然万法之相乃是无相之相，所以圣人之心也就不会停留滞着于任何法相。佛教所谓的声闻、缘觉和菩萨"三乘"，也就是我们每一个不同的人，都能通过把握万法性空假有的真理而成就佛道。

由于"性空"是一切法的真实相状，因此，见万法性空者即为"正观"；与此见解有异者，即为"邪观"。如果二乘人不懂得这个道理，那就会产生颠倒妄想，不得解脱。佛教所说的根机不同的"三乘"人，所观之法其实是没有什么差异的，差异只在他们发心大小不同，所证果位也不一样。

方便善巧与般若智慧的统一，即是佛教的般若"大智慧"。观悟诸法实相，体现的就是般若智慧；般若涉万法之有而不失其无名无相之清净体性，这就是方便善巧的功用了。根据不同的情况而采取各种灵便的方法来化导众生，这就叫做方便善巧；涉有之境化导众生而又不为尘事所污染牵累，这又靠的是般若智慧的力量。因此，般若智慧为"观空"之门，方便善巧为"涉有"之门，两者相辅相成，相互为用。

　　由于般若智慧的作用，故涉入世俗之有而并不为虚妄的东西所迷惑，常处在万有之中而并不被尘世之有所污染；由于方便善巧的作用，故并不排斥"假有"的存在而观悟性空之真谛，观悟性空之真谛而并不证入绝对的空无之境。这就是所谓的"一念之力，权慧具矣"，意思是说，在运用般若大智慧的任何一念之中，都必须善权与智慧等具，两者应该统一起来，不可有所偏废。只要好学深思，这个道理是不难理解的。

　　佛教所说的涅槃圣境，意谓永远地灭尽生死烦恼，并不是在生死之外去另找一个"灭尽生死"之处。如果我们能权慧等具，证得般若大智慧，那也就是获得涅槃解脱了。

2 物不迁论第一

物不迁论①**第一**

夫生死交谢，寒暑迭迁，有物流动，人之常情。余则谓之不然。何者？

《放光》②云：法③无去来，无动转者。寻夫不动之作，岂释动④以求静？必求静于诸动。必求静于诸动，故虽动而常静。不释动以求静，故虽静而不离动。

然则动静未始异，而惑者不同⑤。缘使真言⑥滞于竞辩，宗途⑦屈于好异，所以静躁之极⑧，未易言也。

何者？夫谈真则逆俗，顺俗则违真。违真故迷性而莫返，逆俗故言淡而无味⑨。缘使中人未分于存亡，下士抚掌而弗顾⑩。近而不可知者，其唯物性乎！然不能自已，聊复寄心于动静之际，岂曰必然！

注释

①**物不迁论**：迁，迁移变化、流动变迁。《庄子·德充符》中引孔子言曰："审乎无假而不与物迁。"僧肇认为，我们所看到的事物的运动变化，都是不真实的假象，故称"物不迁"。现在很多人都把僧肇《物不迁论》的主旨说成是"主静"，其实这是不确切的。僧肇从"假有性空"的中观般若思想出发，对执着动和静都是加以破斥的。在他看来，非动非静，动静皆空。只是针对世俗大都认为"有物流动"的常见，论文才标以"物不迁"以破除"人之常情"。

②**放光**：即《放光般若经》，二十卷九十品。一般题为无罗叉译，其实是无罗叉与竺叔兰于元康元年（公元二九一年）在陈留郡仓垣（今河南开封北）的水南寺共同译出的。此经与唐玄奘译的《大般若波罗蜜多经》中的第二会为同本异译，属于"大品"。在此之前，中国社会上已有《般若经》（属于"小品"）流传。三国魏地僧人朱士行深感当时流传的《小品般若经》文句艰涩、难于理解而于魏甘露五年（公元二六〇年）西行求法，至于阗（今新疆和田一带）求得《大品般若经》，遂遣弟

子送回，此即为《放光般若经》原本。由于《放光般若经》"言少事约，删削复重，事事显炳，焕然易观"，故译出后"大行华京，息心居士翕然传焉"（道安《合放光光赞随略解序》）。自此，般若思想盛行中土。

③**法**：梵文 Dharma 的意译，音译作"达摩""达磨"等，通称一切事物和现象。

④**释动**：释，放开、放下的意思，这里指脱离、离开。释动，离开了运动变化。

⑤**惑者不同**：愚昧糊涂的人看法与此不一样，即他们不认为动静本质上无区别。

⑥**真言**：真理，指佛的说教，这里指"物不迁"的学说。

⑦**宗途**：正道、大道，这里亦指"物不迁"的学说。

⑧**静躁之极**：躁，动；极，极则。静躁之极，即关于动静的原理。

⑨**言淡而无味**：这里借用了《老子》语。《老子·三十五章》云："乐与饵，过客止。道之出口，淡乎其无味。视之不足见，听之不足闻，用之不足既。"意思是说，音乐与美食能吸引一般的人，使行人为之驻足。但"道"却与之不同，"道"从口中说出来，是淡得没有味道的。"道"既看不见，又听不见，用它却又用之不尽。僧肇在这里是说，一般人也会因为体会不到"物不迁"

的道理而对它不感兴趣。

⑩这里也借用了《老子》语。《老子·四十一章》云："上士闻道，勤而行之；中士闻道，若存若亡；下士闻道，大笑之。"意思是说，上等之士听到"道"，就积极勤奋地照着去做；中等之士听到"道"，半信半疑；下等之士听到"道"，则由于根本不了解它而大加讥笑。僧肇借用老子所说的人们对"道"的不同态度来说明：人们对"物不迁"的佛理也会由于各自理解能力的不同而表现出不同的态度来。

译文

面对生死交替、寒暑变化，人们通常都会认为有物在迁流变动，但我要说，实际情况并非如此。为什么呢？

《放光般若经》中说：世界上并没有什么东西在运动变化。佛经中所说的无物在动，并不是要人离开了动去追求静，而是说，不要被动所迷惑，应该于动中看到静。于动中看到静，所以虽然有动，其实常静。并不离开动去求静，所以虽然是静，却并不是离开动的静。

因此，人们从不同的方面看问题，似乎有动静之分，其实动静是没有差异的。然而，愚昧糊涂的人却并不这样认为，他们不懂得动和静本质上无异的道理，偏执一端，从而使得佛教的真理陷入了人们的相互争辩之中而得不到彰明，事物动静变化的根本道理也被人们的偏见所歪曲了。这样，关于动静的根本道理，也就很不容易讲清楚了。

为什么关于动静的根本道理不易讲得清楚呢？因为宣说佛教的真理往往会与人们的世俗见解相抵触，而随顺了人们的世俗见解，又会违背佛教的真理。如果违背佛教的真理，就会使人迷失事物的真性；如果与世俗的见解相抵触，那也会引不起人们的兴趣。这样，一般的人就会很难理解并接受佛教关于动静的真理，而悟性较差的人更会对真理大加讥笑并将其置之不理。近在眼前却又难以了解的东西，大概就数事物之真性了。虽然难以说得清，道得明，但我还是忍不住想说几句，把我心里对动静之理的体悟说一下。当然，我说的也并非绝对正确。

原典

试论之曰：《道行》①云：诸法本无所从来，去亦无所至。《中观》②云：观方知彼去，去者不至方。斯皆即动而求静③，以知物不迁明矣。

夫人之所谓动者，以昔物不至今，故曰动而非静。④

我之所谓静者，亦以昔物不至今，故曰静而非动。⑤动而非静，以其不来⑥；静而非动，以其不去⑦。然则所造⑧未尝异，所见⑨未尝同。逆之所谓塞，顺之所谓通，苟得其道，复何滞哉？

伤夫人情之惑也久矣，目对真⑩而莫觉！既知往物而不来，而谓今物而可往。⑪往物既不来，今物何所往？⑫何则？求向物于向，于向未尝无；责向物于今，于今未尝有。⑬于今未尝有，以明物不来；于向未尝无，故知物不去⑭。

覆而求今，今亦不往⑮。是谓昔物自在昔，不从今以至昔；今物自在今，不从昔以至今。故仲尼曰：回也见新、交臂非故。⑯如此，则物不相往来，明矣。

既无往返之微朕，有何物而可动乎？然则旋岚偃岳⑰而常静，江河竞注而不流，野马⑱飘鼓⑲而不动，日月历天而不周⑳，复何怪哉？

注释

①《道行》：即《道行般若经》，十卷三十品，支娄迦谶于汉末灵帝光和二年（公元一七九年）在洛阳译出，此为般若类经典在中土的初译。此经属于"小品"，与唐玄奘译的《大般若波罗蜜多经》第四会为同本异译。《道

行般若经》卷九《萨陀波伦菩萨品》："空本无所从来，去亦无所至，佛亦如此。"（大正八·页四七三）

②《中观》：全称《中观论》，通称《中论》，四卷二十七品，古印度龙树著，青目注释，姚秦鸠摩罗什译。主要内容讲"缘起性空"和"八不中道"的大乘佛教中观学说，是大乘空宗的代表性论著。与龙树的《十二门论》和提婆的《百论》合称"三论"，对中国佛教的理论影响极大。《中论》卷一《观去来品》："已去无有去，未去亦无去；离已去未去，去时亦无去。"僧肇引文中的"方"，意为"方所"，指去处。"观方知彼去，去者不至方。"意为：看去处似乎事物已去彼处，事实上并没有事物由此处去彼处。

③即动而求静：即，这里作"不离于"解。即动而求静，意谓不离开动来求静，通过动本身来论证不动。

④昔物不至今，故曰动而非静：过去的事物并不会原封不动地延续至今天，所以说事物是动的而非静的。

⑤昔物不至今，故曰静而非动：过去的事物只能停留在过去，不会延续至今天，所以又可以说事物是静的而非动的。

⑥不来：过去的事物没有原封不动地延续下来，故曰不来。

⑦不去：过去的事物总是停留在过去的时间里，不

会从过去的时间里离去；今天的事物也总是停留在今天的时间里，不会跑到过去的时间里去，故曰不去。

⑧所造：所立论的根据，指"昔物不至今"。

⑨所见：所持的见解，所得到的结论。

⑩目对真：面对着"物不迁"的真理。

⑪这两句说的是一般人不正确的看法，即既知道过去的事物不会延续至今，却又认为现在的事物可以到往昔去。

⑫这两句是僧肇的观点，过去的事物既然不能来到现在，现在的事物怎么可能到过去呢？

⑬《求向物于向》等句：向，过去。求向物于向，于向未尝无，即指在过去的时间里寻求过去的事物，过去的事物并非不存于过去的时间里。责向物于今，于今未尝有，即在现在的时间里寻求过去的事物，现在的时间里却没有过去的事物。

⑭故知物不去：一般将此句解释为"现在的事物不会延续到将来"；其实，从上下文以及僧肇的整个思想来看，应该解释为"过去的事物总是会在过去的时间里而不会从过去的时间里离去"。

⑮今亦不往：一般将此句解释为"现在的事物也不会延续到将来"；其实，从上下文以及僧肇的整个思想来看，应该解释为"现在的事物也不会跑到过去的时

间里"。

⑯语出《庄子·田子方》,孔子对颜回说:"吾终身与汝交一臂而失之,可不哀与?汝殆着乎吾所以着也。彼已尽矣,而女求之以为有,是求马于唐肆也。"郭象注曰:"若,见也。言汝殆见吾所以见者耳。吾所见者日新也,故已尽矣,汝安得有之?"见新,即"所见者日新"。交臂,谓顷刻之间。非故,过去的事物已成过去,现在的事物已非旧有的事物。庄子的原意是说,事物的变化一刻也不停留,顷刻之间现有的事物已成为过去。僧肇认为,新旧交替、交臂非故的现象正好说明过去的事物只存在于过去、现在的事物只存在于现在的"物不相往来"的道理,亦即"物不迁"的道理。

⑰**旋岚偃岳**:旋岚,迅猛的暴风;偃岳,倾倒山岳。关于旋岚的解释有两种说法:(一)岚,山风。慧琳《一切经音义》卷三十八:"上音蓝。此岚字诸字书并无,本北地山名,即岚州出木处是也。亦北藩语也。后魏孝昌于此地置岢岚镇。岢,音可,城西有山,多猛风,因名此山为岚山。"(二)旋岚为梵文 Vairambhaka 的音译,意译为"迅猛风"。玄应《一切经音义》卷一中说:"毗岚,或作毗蓝婆,或作鞞岚,或云吠蓝,或作随岚,或言旋岚。皆是梵之楚夏耳。此译云迅猛风也。"慧苑《新译大方广佛华严经音义》卷上也说:"毗蓝风,正云吠蓝婆。

吠者，散也；蓝婆者，所至也。日此风所至之处，悉皆散坏也。又云毗者，不也；蓝婆者，迟也。谓此风行最极迅急也。旧翻为迅猛风是也。"慧琳《一切经音义》卷十三则说："吠岚僧伽，劫灾时大猛风名也。此风猛暴，能坏世界。"

⑱**野马**：指浮散在田野上和水面上的一种游气，遥望之犹如野马奔驰，故得名。语出《庄子·逍遥游》："野马也，尘埃也。"郭象注曰："野马者，游气也。"早期汉译般若经曾以"野马"说明万法的虚幻，《道行般若经·随品》："幻化及野马但有名无形。"

⑲**飘鼓**：飘扬鼓荡。

⑳**历天而不周**：历天，即在天上运行。不周，不周行。周行，循环运行，《老子·二十五章》在描述"道"的时候曾称之为"独立而不改，周行而不殆"。

译文

让我尝试着论述如下：《道行般若经》中说：一切事物和现象，从根本上说，既不从什么地方而来，也不会回归到什么地方而去。《中论》中也说：观看去处，似乎事物已经到了一个去处，其实并没有任何事物由此处到彼处。经论的这些说法，都是从动中看到了不动。由此可知，无物流动的道理是最明显不过的。

一般人所谓的动，其根据是过去的事物已成过去，没有能原封不动地延续至今，所以说事物是在不断地动；而我所谓的静，其根据也可以是过去的事物就停留在过去的时间里，并不会跑到现在的时间里来，所以说事物是静止的，而不是流动的。认为事物是动而不是静的根据是过去的事物没有延续至今；认为事物是静而不是动的根据是过去的事物永远在过去，今天的事物永远在今天，事物不会离开它所存在的时间而去。两种观点的根据相同，所得出的结论却完全不一样。真是违逆真理即塞，随顺物理即通。如果体悟到物不迁的道理，还会有什么滞塞不通呢？

令人感到悲伤的是，人们任情惑理已经很久了，面对着真理却不能觉悟！既然知道过去的事物不会延续至今，却又认为现在的事物会变动而去。过去的事物停留在过去而不来到现在，现在的事物怎么会离开现在而跑到过去去呢？我们在过去的时间里寻求过去的事物，过去的事物不可能不存在于过去的时间里；但如果我们要在现在的时间寻求过去的事物，现在的时间里显然就不可能有过去的事物。既然在现在的时间里没有过去的事物，就说明过去的事物并不会到现在来；而在过去的时间里总是有过去的事物，这又说明过去的事物不会从过去的时间里离去。

反过来看现在的事物，现在的事物也不会跑到过去的时间里去。这就是说，过去的事物本来就是在过去的时间里，并不是从现在跑到过去；现在的事物也本来就在现在的时间里，并不是从过去跑到现在来。所以孔子说，颜回看到了新旧相替、交臂非故的现象。这不充分说明了昔物自在昔、今物自在今、物不相往来的道理吗？

既然没有任何事物相互往来的迹象，那么还有什么事物可说它是动的呢？据此，说狂风劲吹而常静，江河奔腾而不流，尘土飞扬而不动，日月经天而不运行，这又有什么可奇怪的呢？

原典

噫！圣人有言曰：人命逝速，速于川流。是以声闻悟非常①以成道，缘觉觉缘离②以即真。苟万动而非化③，岂寻化④以阶道？覆寻圣言，微隐难测。若动而静，似去而留。可以神会，难以事求。

是以言去不必去，闲人之常想⑤；称住不必住，释人之所谓往⑥耳。岂曰去而可遣，住而可留耶？故《成具》⑦云：菩萨处计常之中，而演非常之教。

《摩诃衍论》⑧云：诸法不动，无去来处。斯皆导达群方，两言^⑨一会^⑩，岂曰文殊而乖其致哉？

是以言常而不住，称去而不迁。不迁，故虽往而常静；不住，故虽静而常往。虽静而常往，故往而弗迁；虽往而常静，故静而弗留矣。然则庄生之所以藏山^⑪，仲尼之所以临川^⑫，斯皆感往者之难留，岂曰排今而可往？

是以观圣人心者，不同人之所见得也。何者？人则谓少壮同体，百龄一质，徒知年往，不觉形随。^⑬是以梵志出家，白首而归，邻人见之曰："昔人尚存乎？"梵志曰："吾犹昔人，非昔人也。"^⑭邻人皆愕然，非其言也。所谓有力者负之而趋，昧者不觉^⑮，其斯之谓欤？

是以如来因群情之所滞，则方言以辩惑；乘莫二之真心，吐不一之殊教。乖而不可异者，其唯圣言乎！故谈真^⑯有不迁之称，导俗^⑰有流动之说，虽复千途异唱，会归同致^⑱矣。

注释

①**声闻悟非常**：声闻，"三乘"之一；非常，世界万法无常变化、非永恒的道理。

②**缘觉觉缘离**：缘觉，"三乘"之一；缘离，因缘的分离，亦即万法性空的道理。因为在佛教看来，万法皆是各种因缘条件聚合而成，缘合则起，缘散则离，并无

固有的自性。(僧肇在注释《维摩经·文殊师利问疾品》时曾说："万物纷纭，聚散谁为？缘合则起，缘散则离。")

③**非化**：化，一说解为"幻化"，一说解为"变化"；从全文整个思想来看，化应即是"迁化"。非化，即"物不迁"。

④**寻化**：即追寻探求万化之理，这里的"化"主要指上句中的"变化无常"与"缘合缘离"。

⑤**闲人之常想**：闲，防止。常想，执着于恒常不变的思想。

⑥**释人之所谓往**：释，解除；往，迁移变化，逝去。

⑦**《成具》**：即《成具光明定意经》，一卷，东汉支曜译。此乃一部大乘禅经，经中言，有一种名叫"成具光明"的定意法，若人闻之，并坚持履行一至七日，就会获得无量的功德福祥。僧肇的引文，原经作："处计常之中，而知无常之谛。"

⑧**《摩诃衍论》**：此指《大智度论》，一百卷，古印度龙树著，后秦鸠摩罗什译。为论释《大品般若经》的论书，与《中论》《十二门论》《百论》这"三论"合称"四论"。《大智度论》卷五十一《含受品》中说："须菩提，一切诸法不动相故，是法无来处，无去处，无住处。"（大正二十五·页四二七中）

⑨**两言**：指上引经和论中的两种貌似不同的说法。

⑩**一会**：会归同一个道理。

⑪**庄生之所以藏山**：《庄子·大宗师》中说："夫藏舟于壑，藏山于泽，谓之固也。然而夜半有力者负之而走，昧者不知也。"庄子的意思是说，一切事物都在不知不觉中默默地发生着变化。

郭象注曰："夫无力之力，莫大于变化者也；故乃揭天地以趋新，负山岳以舍故。故不暂停，忽已涉新，则天地万物无时而不移也。世皆新矣，而自以为故；舟日易矣，而视之若旧；山日更矣，而视之若前。今交一臂而失之，皆在冥中去矣。……而世莫之觉，横谓今之所遇可系而在，岂不昧者！"

⑫**仲尼之所以临川**：《论语·子罕》记载说："子在川上曰：逝者如斯夫，不舍昼夜。"

⑬**徒知年往，不觉形随**：徒，只，仅仅；年往，年岁的流逝。形随，形体随同年岁一起逝去。

⑭**吾犹昔人，非昔人也**：意思是说，我表面上看起来好像还是当年的梵志，但当年的梵志已经随着时间的流逝而停留在过去的时间里了。因此，现在的我实际上并不是当年的梵志了。

⑮语出《庄子·大宗师》，见注⑪。

⑯**谈真**：谈论真理。

⑰**导俗**：开导世俗，引导世俗的人去把握佛教的真理。

⑱**会归同致**：各种不同的说法都会归到同一个根本原理（即物不迁）上来。

译文

但是，圣人有言：人的生命之流逝，速度比流水还快。因此，声闻者是悟解万法变化无常、非永恒的道理而成就道业；缘觉者是觉悟缘合缘离、万法性空的道理而达到真理。如果说各种变动的现象其实都不在动，那怎么可能通过变化无常、缘合缘离的现象，而追寻万化之理达到对佛教真理的把握呢？回过头来再细细揣摩圣人的话，实在是微妙隐秘，难以测度。为什么呢？因为事物似乎是在动，其实是静的；似乎是在流逝，其实是停留着的。这个道理只可以神会，而难以从具体的事物上来求知。

因此，说流逝，并不是真有事物由现在成为过去，而是为了防止人们执着于恒常不变的观念；说停住，也并不是真有事物停住，而是为了破除人们流逝的观念。哪能一说到流逝，就认为果真有物在迁移变化，一说到停住，就认为果真有物停留下来？所以《成具光明定意经》中说，菩萨在人们执着恒常不变的世界里演说万法无常的道理。

《大智度论》中则说，一切都是不变不动的，既没有来处，也没有去处。这里的说法似有不同，道理却是一样的。它们都是为了化导众生，只是针对不同的人和不同的情况说法不同而已。不能因为说法不同就认为根本宗旨完全不一样。

因此，说常恒不变并非是静止不动，说流动逝去并非是迁移变化。非迁移变化，故事物虽随时间而往，其实还是常静的；非静止不动，故事物虽常静但还是随时间而往的。事物虽静而还是随时间而往，因而随时间而往并非是迁移变化；事物虽随时间而往，其实还是常静，因而常静并非是停止留住。既然这样，那么庄子所谓一切事物都在不知不觉中推陈出新，孔子所谓一切事物都如河流般地不断逝去，这都是有感于随时间而流逝的东西难以挽留，哪里是说现在的事物可以跑到过去去呢？

因此，圣人的所见所得与一般人是不一样的，如果望文生义，那就很难理解圣人之言。为什么呢？因为一般人都认为，人从少年到壮年，都是同一个身体。他们只知道年岁在消逝，而不知道人的形体也随同年岁一起不断地在逝去。正因为此，梵志出家，头发白了以后才返回故里，邻人们见了他说："以前的那个梵志还在吗？"

梵志回答说："我好像是当年的梵志，却又不是当年的梵志。"邻人们听了他的话都感到很惊讶，认为他说得毫无道理。庄子所谓的一切事物都在悄悄地流逝，而愚昧的人浑然不觉，说的不正是这种情况吗？

由此，释迦如来根据人们的迷惑和偏见而采取种种不同的说法来开导启发大家，依据唯一的真理因人设教，而说出了各不相同的教法。言教有异而宗旨不二者，大概只有圣人之言是如此的了。所以圣人谈论真理就有物不迁的说法，化导世俗又有物流动的说法。虽然说法千差万别，但它们最终都是会归到同一个根本原理上来的。

原典

而征文①者闻不迁，则谓昔物不至今；聆流动者，而谓今物可至昔。既曰古今，而欲迁之者，何也？②是以言往不必往③，古今常存④，以其不动。

称去不必去⑤，谓不从今至古⑥，以其不来。不来⑦，故不驰骋于古今；不动，故各性住于一世⑧。然则群籍殊文，百家异说，苟得其会，岂殊文之能惑哉？

是以人之所谓住，我则言其去；人之所谓去，我则言其住。⑨然则去住虽殊，其致一也⑩。故经⑪云："正言似反，谁当信者？"斯言有由矣！何者？人则求古于今，谓其不住；吾则求今于古，知其不去。

今若至古，古应有今；古若至今，今应有古。今而无古，以知不来；古而无今，以知不去。若古不至今，今亦不至古，事各性住于一世，有何物而可去来？然则四象⑫风驰⑬，璇玑⑭电卷⑮，得意毫微，虽速而不转。⑯

注释

①**征文**：征，追究，追问；文，指经书文字。征文者，这里指咬文嚼字、死抠字眼、执着文字而不能领会佛法大义的人。

②**既曰古今，而欲迁之者，何也**：此为僧肇的反问句，意谓：既然说有古有今，说明古今是有区别的，不是一回事，为什么还要认为过去和现在的事物是相往来的呢？

③**言往不必往**：往者乃随时间俱往，往者相对于已往的时间而言并没有发生任何变动，故曰"言往不必往"。此句的重点在于强调事物永远固定存在于其所在的时间里不会离去，故下句言"古今常存""不动"。

④**古今常存**：有古有今，这是永恒不变的，因此，古是古，今是今，两者并不相往来；古今事物永远停留在各自的时间里，这也是永恒不变的。

⑤**称去不必去**：言事物的逝去乃是言事物随时间的流逝而同去，并非指现在的事物跑到过去的时间里去。此句的重点在于说明事物不会在古今时间中往来。

⑥**不从今至古**：即上文"昔物自在昔，不从今以至昔"的意思。

⑦**不来**：即上文"今物自在今，不从昔以至今"的意思。

⑧**各性住于一世**：性，事物的本性与状态；一世，古今中的一世。全句的意思是说，事物都各自分别固留在它所在的某一时间阶段中，亦即过去的事物永远停留在过去，现在的事物永远停留在现在，将来的事物也永远停留在将来。

⑨**人之所谓去，我则言其住**：言"去"乃是为了破除对"住"的执着，言"住"则是为了破除对"去"的执着，其实，非去非住，去住皆空，此乃僧肇的本意。僧肇是在通过对动静观的论述而阐发中观般若学"万法皆空"的基本观点。

⑩**其致一也**：一者，指"假有性空"；其致一也，意谓去住皆会归到"假有性空"的根本道理上来。

⑪**经**：指《普曜经》，或名《方等本起经》，八卷，西晋竺法护译。《商人奉面品》中云："万物无常，有身皆苦。自为非身，空无所有。众人不解，庸苦疲劳。所有

亲戚家属，悉非人所。正言似反，谁肯信者?"

⑫**四象**：指春、夏、秋、冬四时。

⑬**风驰**：像风一样奔驰。

⑭**璇玑**：星名，即北斗星座成斗形的四颗星，北斗星座的柄部是随四时的推移而不停地旋转的。

⑮**电卷**：如电般地急速旋转。

⑯**得意毫微，虽速而不转**：意，指"物不迁"的道理；得意毫微，即稍微懂得一点"物不迁"的道理。速，指上句中的四象"风驰"、璇玑"电卷"；不转，本质上没什么动转。

译文

然而，那些执着文句、死抠字眼的人，一听到说"不迁"，就认为过去的事物不会延续到现在来；一听到"流动"，却又认为现在的事物可以跑到过去去。既然说到了古和今，就说明古今不是一回事，为什么还要认为古今事物是相往来的呢? 因此，说事物过去了，并不是说现在的事物跑到过去去了，而是说过去的事物仍然停留在过去那个时间里，相对于过去的时间而言并没有发生任何变动；现在的事物当然也仍然停留在现在这个时间里，也没有发生变化。古今事物分别停留在各自的时间里，这是永恒不变的。

同样，说事物消逝，也并不是说事物从它存在的时间里消逝，而是说它随着时间的流逝而一同逝去，过去的事物一直存在于过去的时间里，并不是从现在跑到过去；今天的事物也一直在今天的时间里，并不是从过去来到现在。过去的事物并不来到现在，所以说事物并不会驰骋于古今之间；事物相对于它所在的时间而言没有任何变动，所以说事物本质上都固定在它所在的某一个时间阶段中。既然如此，那么各种经籍的文句虽然不同，各家学说虽然各异，但如果我们能融会贯通、领宗得意，岂会被文句言教的差异所迷惑呢？

因此，当人们说停留静止的时候，我却要说消逝；当人们说消逝的时候，我却要说停留静止。这里，消逝和停留静止，说法虽然不同，根本道理却是一样的，都是要破除人们的偏执，以显示动静皆空的真理。所以佛经中说："正话反说，谁能理解其中的真谛？"这话是有道理的。为什么呢？人们往往在现在的时间里寻求过去的事物，由于寻求不到，所以就说事物没有停留止住，而是流逝过去了；而我却在过去的时间里寻求现在的事物，由于寻求不到，所以就知道现在的事物没有跑到过去的时间里去。

现在的事物如果能跑到过去的时间里去，那么在过

去的时间里就应该有现在的事物；过去的事物如果会跑
到现在的时间里来，那么在现在的时间里就应该有过去
的事物。现在的时间里没有过去的事物，可见过去的事
物没有来到现在；过去的时间里没有现在的事物，可见
现在的事物也没有跑到过去去。如果说，过去的事物不
到现在来，现在的事物也不到过去，事物本质上都停留
在各自依存的某一时间阶段中，那么还有什么事物可说
是在来来去去的呢？既然如此，那么春夏秋冬四时的代
谢，日月星辰天体的运行，虽然看起来运化神速，其实，
只要稍微懂得一点"物不迁"的道理，就可以知道它们
本质上是不动的。

原典

是以如来功流万世而常存，道通百劫①而弥固。成山
假就于始篑②，修途托至于初步③，果以功业不可朽故也。
功业不可朽，故虽在昔而不化。不化故不迁，不迁故则
湛然明矣。故经云："三灾④弥纶，而行业⑤湛然。"信其
言也！

何者？果不俱因⑥，因因而果⑦。因因而果，因不昔
灭；果不俱因，因不来今。不灭不来，则不迁之致明矣。
复何惑于去留，踟蹰于动静之间哉？然则乾坤倒覆，无

谓不静；洪流滔天，无谓其动。苟能契神于即物⑧，斯不远而可知矣！

注释

①**劫**：梵文 Kalpa 的音译"劫波"或"劫簸"的略称，意为用通常的年月日时无法计算的极其久远的时节，故又译为"大时""长时"。《释迦氏谱》云："劫是何名？此云时也。若依西梵名曰劫波，此土译之名大时也，此一大时，其年无数。"佛教认为，世界经历了许多许多年后就会毁灭一次，然后重新开始，这样一个周期，就叫做一"劫"。关于"劫"的时间长短，佛经上有不同的解释。

②**成山假就于始篑**：假，借助；就，成功，成就；篑，盛土的竹筐；始篑，第一筐土。《论语·子罕》："譬如为山，未成一篑，止吾止也。譬如平地，虽覆一篑，进吾往也。"

③**修途托至于初步**：修途，长途；托，依托，依靠。《老子·六十四章》云："千里之行，始于足下。"

④**三灾**：指火灾、水灾和风灾。佛教认为，世界将要毁灭时，将轮流出现火水风三灾。

⑤**行业**：即造业。业，梵文 Karma 的意译，音译作

"羯磨"，泛指一切身心活动，一般分为：身业（行动）、口业（也称语业、言语）、意业（思想活动）。佛教认为，人们的所作所为（即造下的业）即便经历了三灾也不会消除，它必将根据善恶的不同而引起相应的果报，从而使人陷入轮回而不得解脱。只有信奉佛教，出家修行，才能最终摆脱业报轮回。

⑥**果不俱因**：俱，同时在一起。果不俱因，意谓原因在前，结果在后，原因和结果并不能同时存在。

⑦**因因而果**：由于有了原因，所以才有结果，结果假借原因而成。

⑧**契神于即物**：意谓体悟当前的物理，使精神与物理相合。

译文

因此，释迦如来的功业是万世常存的，佛教的真理也流通百劫而愈加坚固。堆成高山，有赖于第一筐土；步行千里，离不开第一步路。这都是功业永存的缘故。功业永存，所以虽然已经过去，却并没有消失；并没有消失，所以仍然存在于它所在的时间里。这样，物不迁的道理就是十分清楚明白的了。所以佛经上说："即使是世界毁灭，人们所造的业也是不会消失的。"这句话说得是十分正确的。

为什么呢？因为原因和结果并不能同时存在，原因在前，结果在后，但结果却是由原因造成的。由于有了原因，才有结果，所以原因虽已成为过去，但它却并没有消灭；由于原因和结果并不能同时存在，所以已成为过去的原因并不会跑到现在来。既然过去的事物不会消灭，也不会跑到现在来，那么物不迁的道理不就是很明显了吗？对于离去或停留还有什么迷惑的呢？还要在动静之间犹豫什么呢？根据万法性空、非动非静的道理，那么，天翻地覆不要认为是不静，洪流滔天也不要认为是运动。如果能运神妙心智于当前的事事物物，那么动静的根本道理就离你不远而不难体悟了。

3 不真空论第二

不真空论①第二

　　夫至虚无生者，盖是般若玄鉴之妙趣，有物之宗极者也。②自非圣明特达③，何能契神于有无之间④哉？是以至人通神心于无穷，穷所不能滞⑤；极耳目于视听，声色所不能制⑥者，岂不以其即万物之自虚⑦，故物不能累其神明者也。

　　是以圣人乘真心而理顺⑧，则无滞而不通；审一气以观化⑨，故所遇而顺适。无滞而不通，故能混杂致淳；所遇而顺适，故则触物而一。如此，则万象虽殊，而不能自异。⑩不能自异，故知象非真象；象非真象，故则虽象而非象。

然则物我同根，是非一气，⑪潜微幽隐，殆非群情之所尽。故顷尔谈论，至于虚宗⑫，每有不同。夫以不同而适同，有何物而可同哉？故众论竞作⑬，而性莫同焉。何则？

注释

①**不真空论**：这是《肇论》中最重要的一篇佛学论文，也是贯穿僧肇佛教思想的一个基本命题，是僧肇对般若空义的理解和解释。所谓不真空，意为不真故空，不真即是空。元康《肇论疏》："诸法虚假，故曰不真，虚假不真，所以是空耳。"

僧肇《不真空论》的提出是有针对性的。佛教般若学自东汉末年传入我国后，到魏晋时依附于老庄玄学而趋于极盛。但当时流行的老庄玄学等传统思想虽然与般若学一样谈"无"说"有"，但都是从有无的二分对立上来理解有和无的。"有"就是存在，"无"就是对存在的否定，就是不存在。这种传统的思维方式直接影响到了人们对佛教般若性空学说的理解。因此，"有无殊论，纷然交竞"，围绕着般若空义，就产生了"六家七宗"等老庄玄学化的般若学派。

僧肇在本论里面通过评判其中最有代表性的本无、

即色和心无这三家的观点，对当时般若学各派割裂有和无、离开假有来谈空的普遍倾向作了综合性的批判，并在批判中提出了自己的《不真空论》，以此来说明一切皆空的道理。

僧肇以"不真空"立论，用《不真空论》来概括"性空"和"假有"这两方面的含义，这至少说明了两个问题：第一，他以不真空代替虚无空，更好地坚持了佛教般若学"色即是空、空即是色"的基本观点；第二，他以空来取代无，更有力地批评了当时"六家七宗"离开假有来谈空的普遍性错误，因为"无"是对"有"的否定，而"空"则是对"有"虚假本性的揭示。

不真空论，一方面是说不真即空，更重要的是强调了要联系"不真"来谈空。僧肇以"不真"来解释"万有"，以"虚假"取代"空无"，把当时玄学和佛学的有无之争引向了真假之辨，从而克服了"六家七宗"时代般若学解空的局限性，对中国佛教和中国学术思想的发展起了很大的推动作用。

②至虚无生等句：指寂静无为、无生无灭的宇宙本体，在这里，与性空、实相义同。作为般若观照的对象，它是性空之真谛；作为万物之宗极，它是无相之实相。它是无名无相、非有非无的。玄鉴：玄，微妙，玄妙；鉴，观照。妙趣：趣，趋向，归趣，指般若智慧观照的

对象。有物：缘起之万物。宗极：所宗至极之性。全句的意思是说，超越有无和生灭的"至虚无生"，即为般若微妙观照之所趣，宇宙万有之根本。请参阅僧肇《般若无知论》中，"以无知之般若，照彼无相之真谛"句。

③**圣明特达**：圣明，圣人的明智、明达，这里即指般若圣智；特达，独特的通达、观悟能力。圣明特达，指般若圣智独特的玄鉴能力。

④**契神于有无之间**：指圣人具有般若之智，故能体悟非有非无的中道实相。有无之间，既不执着于无，又不执着于有，于非有非无、亦有亦无之间契悟"至虚无生者"。

⑤**穷所不能滞**：意谓通达宇宙人生的一切真理而无任何滞碍。

⑥**极耳目于视听，声色所不能制**：极尽耳目之视听却并不受制于声色。意谓圣人超世脱俗而并不离世俗，与世俗处而不为世俗累，这也就是僧肇在《答刘遗民书》中说的"圣人……居动用之域，而止无为之境，处有名之内，而宅绝言之乡"。

注意：从字面上看，僧肇这里的说法与玄学家王弼所说的圣人"应物而不累于物"有相似之处，其实，两者的思想基础是根本不同的，僧肇在这里主要强调的是万物的虚假不真，不真故不能累至人之神明也。请参见下句及僧肇对"心无宗"的批评。

⑦**即万物之自虚**：这是僧肇论证《不真空论》的一个极重要的观点。在本论中一共反复出现了三次，从不同的角度说明即假而空的道理。即，不离；自虚，万物本身就是虚假不实的，不必到万物之外去寻找虚假的本体或万物虚假的原因。

在这里，本句主要是从主、客观的关系上说明物虚与神静的关系，强调万物自虚决定至人的神静而不是神静决定万物自虚，物虚并不依赖人们的主观看法。至人之所以无知无识，心神不动，全在于他懂得万物自虚的道理。僧肇在下面正是据此批评了心无论者以"无心于万物"来解空的不正确观点。

⑧**乘真心而理顺**：乘，凭借；真心，得到了般若智慧的圣人之心；理顺，顺从万法虚假之理而无所违逆。

⑨**审一气以观化**：审，审察，明了；一气，借用了道家语，《庄子·知北游》中有"通天下一气耳"的说法，僧肇以此喻万法无差别之一性；观，观照；化，大千世界的千变万化，这里指一切事相。

⑩**万象虽殊，而不能自异**：意谓表面看来千差万别的万事万象，其实本质上是无异的，因为事物的本质都是"自虚"，即事物都是缘起之法，没有独立的自性，因而事物自己也就无所谓差别，差别是不明性空之事理的

人们强加于事物的。

⑪**物我同根，是非一气**：这里，僧肇借用了庄子道家语来表达佛教的思想。《庄子·齐物论》："天地与我并生，而万物与我为一。""彼亦一是非，此亦一是非。"《庄子·知北游》："通天下一气耳。"庄子是从相对主义出发提出"物我为一"思想的，而僧肇这里的思想基础则是万物非真的般若空观。物我同根者，同归于虚假也；是非一气者，齐于性空也。元康《肇论疏》："同一无相，故曰同根；同一正道，故曰一气。"

⑫**虚宗**：指大乘空宗的思想、学说。大乘空宗因主张"一切皆空"而得名，又因其所主张的"空"为非有非无、不执着有无二边的"中道"空，故又被称为中观学派。在僧肇之前，由于译经的不完备和"格义"的流行，人们未能准确把握中道般若空观，所以谈论虚宗才"每有不同"。

⑬**众论竞作**：围绕着对般若"空"义的不同理解，出现了许多不同的论点与学派，相互之间时有争论。当时有代表性的般若学派为"六家七宗"，刘宋时的昙济在《六家七宗论》中记载说："论有六，分成七宗。第一本无宗，第二本无异宗，第三即色宗，第四识含宗，第五幻化宗，第六心无宗，第七缘会宗。本有六家，第一家分为二宗，故成七宗也。"僧肇选择了其中有代表性的三

家观点进行了批判。

译文

　　虚静之极、超越有无生灭者，即是般若玄妙观照之所趣，缘起的宇宙万法之根本。如果不是圣人具有特别通达的观悟能力，怎么能于有无之间体悟到非有非无的中道实相呢？因此，圣人运用神智，通晓宇宙人生的一切真理而无任何滞碍，极尽耳目之视听而不被任何声色牵累制约，之所以能如此，难道不是因为圣人懂得万法自虚的道理，不离假有而观性空，因而任何事物都不能干扰妨碍他的般若智慧吗？

　　因此，圣人凭借般若圣智而观悟万法，便能随顺万法虚假的道理而无所不通；把握万法统一于性空的根本道理而观察世界万物的变化，便能与外界的一切事物相契合而无所违逆。无所不通，因而能在复杂的现象中把握至纯的真理；无所违逆，因而能于纷繁的事相中把握统一的本质。这样，表面上看起来千差万别的宇宙万象，其本质上是没有任何差异的，差异只是不明性空之理的人强加给事物的，事物的本质都是"自虚"，没有任何差别。据此便可知，万象非真象。万象非真象，那么万象虽为象而其实是假象。

既然万象皆非真象的道理只有圣人能够了解，那么物与我、是与非从根本上说是一回事，这么一个微妙深奥的道理就不是一般人所能透彻地理解的了。正因为如此，所以最近人们一谈起佛教大乘空宗的思想、学说，观点便产生了分歧。以不同的观点去谈论同一个问题，那还会有什么共同的看法呢？所以围绕着般若"空"义，就出现了许多不同的论点和学派，它们相互之间经常发生争论，但始终不能取得一致的意见。这是什么原因呢？

原典

心无①者，无心于万物，万物未尝无。②此得在于神静，失在于物虚。③

即色④者，明色不自色，故虽色而非色⑤也。夫言色者，但当色即色，岂待色色而后为色哉？⑥此直语色不自色，未领色之非色也。⑦

本无者，情尚于无多，触言以宾无。故非有，有即无；非无，无亦无。⑧寻夫立文⑨之本旨者，直以非有非真有，非无非真无耳。何必非有无此有，非无无彼无？⑩此直好无之谈，岂谓顺通事实，即物之情⑪哉？

注释

①**心无**：指心无宗义，主要代表人物是支愍度与竺

法蕴等。

②**无心于万物，万物未尝无**：这两句是心无宗的基本观点，意谓心不执着于外物，而万物本身并非是无。这种观点认为，佛教所说的"空"应该是"内止其心，不空外色"（安澄《中论疏记》引），即要求人们"内停其心，令不想外色"（慧达《肇论疏》），不为外物所动，从主观精神上排除外色的干扰，在心灵处保持一个寂静的世界，而并不否定外色作为"有"的存在。

元康《肇论疏》记心无义云："谓经中言空者，但于物上不起执心，故言其空，然物是有，不曾无也。"吉藏《中观论疏》也说："此释意云：经中说诸法空者，欲令心体虚妄不执，故言无耳，不空外物，即万物之境不空。"认为"万物之境不空"，这种对"空"的理解显然是与佛意大相违背的。

③**得在于神静，失在于物虚**：这是僧肇对"心无论"总的评价。意谓"心无论"的可取之处在于心不执着外物，不受外物干扰，缺点和过失在于没有认识到外界事物本身的虚假性。僧肇其实也是主张"心无"的，不过他所坚持的是物虚而神静的观点，在他看来，"心无义"离开了物虚谈神静，那就失之远矣。

④**即色**：指即色宗义，主要代表人物是支遁（字道林，以字行世）。

⑤**色不自色，故虽色而非色**：这两句是僧肇转引即色宗的观点，即色宗对佛教"空"的理解：人们所见之色法，都有待于一定的条件而为有，并不能独立自存，不能自己使自己成为"有"，所以说它实际上并不是真实的存在。

关于支遁即色义的内容，最有代表性的记载为《世说新语·文学》注引支遁所集《妙观章》中的一段话："夫色之性也，不自有色。色不自有，虽色而空，故曰色即为空，色复异空。"意思是说，色并不是靠自性而成其为有，色并没有使其自身存在的自性或本性。既然色无自性，不能独立自存，所以虽有物质现象而实际是"空"。但色与空毕竟是两码事，色既成为"有"，就是异于空的。

这种观点没有很好地从色本非色来理解"空"，而是用色不自色来否定色之为有，实际上是离开了色之本身去寻找色之非色的原因，因而要么认为"心若不计，色便不存"，要么认为"因缘而成，故虽色而非色"，从而得出了"色复异空"或否定假有本身之存在的不符合假有性空之般若空观的结论。元康《肇论疏》云："林法师但知言色非自色，因缘而成，而不知色本是空，犹存假有也。"

关于僧肇这里所破斥的即色义的代表人物也有认为

不是支遁的。例如唐代吉藏在他的《中观论疏》中提出了"即色有二家"的说法，认为："一者关内即色义，明即色是空者，此明色无自性，故言即色是空，不言即色是本性空也。此义为肇公所呵。……次支道林著《即色游玄论》，明即色是空，故言《即色游玄论》，此犹是不坏假名，而说实相，与安师（指道安——引者）本性空故无异也。"据现有资料分析，吉藏的说法根据不足，且从他所说的"关内即色义"来看，与支遁的观点似乎也没有什么差别。

⑥**夫言色者等句**：有些注家把这句说成是僧肇对即色论的批评，其实这是不正确的。从它的思想内容及联系上下文来看，这应该仍然是即色论的观点。全句的意思是说，真实的"有"应该是它本身就成其为有，依靠自性而得以存在，哪有需要其他事物的支持（依靠人们的起心动念或外在的因缘条件）才成其为有的呢？色色：使色成为色。僧肇认为，不需要从色不自色、色色为色来说色空，而应该从色存在本身来体悟"色有"即空、色空不二的道理。

⑦**此直语色不自色，未领色之非色也**：直，仅、只是；领，领会、领悟。此句为僧肇对即色论的批评，意谓即色论仅仅以万法不能独立自存为理由来否定万法，却并不懂得假有的"色"本身就是"空"的道理。

⑧**本无等句**：本无，指本无论的观点。尚，崇尚。宾，服从、归顺。非有，有即无：说"非有"，即把"有"说成是"无"。非无，无亦无：说"非无"，即认为"无"也是"无"。僧肇认为，说"非有非无"应该是说既不执着"有"，也不执着"无"，从"非有非无"中把握中道实相，体悟性空真谛，不能把有和无都归为"无"。否则，还是把有和无对立了起来，执着了"无"。

由于本无论有道安为代表的本无宗和竺法汰等人为代表的本无异宗，因此，历来注家对僧肇所破之"本无"究竟为谁的观点，说法不一。从僧肇所引的观点来看，似应属于本无异宗。

关于本无宗和本无异宗的观点，吉藏《中观论疏》云："一者释道安明本无义，谓无在万化之前，空为众形之始。夫人之所滞，滞在末有，若宅心本无，则异想便息……次琛法师云：本无者，未有色法，先有于无，故从无出有。即无在有先，有在无后，故称本无。"《名僧传抄·昙济传》引昙济的《六家七宗论》云："第一本无立宗曰：无在元化之先，空为众形之始，故称本无。非谓虚豁之中能生万有也。"对照言之，道安的本无义反对"虚豁之中能生万有"的观点，而本无异宗却明言"从无出有"，后者似与僧肇所批的"情尚于无多"更为接近。

当然，从僧肇对一切割裂有和无、把一切归之于无的观点和倾向都作了批评的角度看，不仅是本无异和本无宗，就连主张"贵无"的何晏、王弼等玄学家，也都在批评之列。正是在这个意义上，我们可以说僧肇对"本无"的批判，不仅是对当时的佛教般若学，而且也是对玄学的批判和总结。

⑨**立文**：佛经中所说。

⑩这几句是僧肇对"本无论"的批评，他以"有无皆非真"的中道空观反对"有无皆为无"的"好无之谈"。

非有非真有：说非有乃是说不是"真有"，并非空无所有、否定假有。

非无非真无：说非无乃是说并非"真无"，亦即不坏假象，并不是断灭一切的绝无。

非有无此有：非有就是没有"有"，即一无所有。

非无无彼无：非无就是没有"无"，即绝对的无。

⑪**即物之情**：合乎事物本身的情理。

译文

"心无宗"坚持认为，所谓的"空"，是说心不执着于外物，而万物本身并非是无。这种观点的可取之处，在于主观上不对外物起执着之心，不足之处在于没有能认识到外界事物本身的虚假不实。

"即色宗"认为，所谓的"空"，是说万物并不能自己成为"有"，万物的存在都依赖于一定的条件。既然万物并没有使其自身存在的本性或根据，所以虽有各种物质现象，其实物质现象并不是真实的存在。真实的物质现象应该是它本身就是存在着的，哪里需要其他事物支持它，它才得以成为有呢？即色宗这种观点仅是以物质现象不能独立自存为理由来否定物质现象，却并没有领会存在着的物质现象本身就是"空"的道理。假有就是性空，性空就是假有，色与空应该是不二的。

"本无宗"在谈"空"的时候却偏爱"无"，一发议论就把一切都归结为"无"。他们否定"有"，即把"有"说成是"无"；否定"无"，又把"无"也说成是"无"。追寻圣人立文说教的本来意思，否定有，无非是说"有"不是真"有"；否定无，也无非是说"无"不是真"无"。为什么说"非有"就一定要认为是没有"有"，说"非无"就一定要认为是没有"无"？本无宗这种观点仅是一种好无之谈，哪里谈得上是顺通事物的真实情况、符合事物的本来情理呢？

原典

　　夫以物物于物^①，则所物而可物^②。以物物非物^③，故虽物而非物^④。是以物不即名而就实，名不即物而履真。^⑤然则真谛独静于名教之外^⑥，岂曰文言之能辨哉？然不能杜默，聊复厝言以拟之。

　　试论之曰：《摩诃衍论》云：诸法亦非有相，亦非无相。《中论》云：诸法不有不无者，第一真谛也。寻夫不有不无者，岂谓涤除万物，杜塞视听，寂寥虚豁，然后为真谛者乎？^⑦诚以即物顺通^⑧，故物莫之逆；即伪即真^⑨，故性莫之易。性莫之易，故虽无而有；物莫之逆，故虽有而无。虽有而无，所谓非有；虽无而有，所谓非无。

　　如此，则非无物也，物非真物；物非真物，故于何而可物？故经^⑩云：色之性空，非色败^⑪空。以明夫圣人之于物也，即万物之自虚，岂待宰割^⑫以求通哉？

　　是以寝疾^⑬有不真之谈，《超日》^⑭有即虚之称。然则三藏^⑮殊文，统之者一也。故《放光》云：第一真谛，无成无得；世俗谛故，便有成有得。^⑯夫有得即是无得之伪号，无得即是有得之真名。真名故，虽真而非有；伪号故，虽伪而非无。是以言真未尝有，言伪未尝无。二言未始一，二理未始殊。

故经^⑰云：真谛俗谛，谓有异耶？答曰：无异也。此经直辩真谛以明非有，俗谛以明非无。岂以谛二而二于物^⑱哉？

注释

①**以物物于物**：第一个"物"指物的名称，第二个"物"用为动词，意谓用物的名称去指称物。

②**所物而可物**：所物，所指称的物；意谓被称之为物的就可以是"物"。

③**以物物非物**：以"物"之名去指称"非物"，即把不是物的称之为"物"。

④**虽物而非物**：虽称之为"物"却仍然不是物。

⑤**物不即名而就实，名不即物而履真**：物并不是有了物之名就有了物之实，意谓物没有物之名它也是物。名不即物而履真：物之名也并不因为它赋予了物而就成为真实的"物"，意谓物之名仍然是名而已，并无物之实。这两句主要强调的是名实相异。

⑥**真谛独静于名教之外**：真谛，佛教的真理。名教，名言教化。真谛独静于名教之外：佛教的真理是超然于名言概念之外的，是不能完全用世俗的文言来表达的。

⑦**不有不无者等句**：指性空之真谛。这里僧肇借用了老子语，然反其义而用之，强调要体悟性空之真谛并不能离开虚假之万物，应该就万物而体认"空"。《老子·第十章》："涤除玄览。"《老子·五十二章》："塞其兑，闭其门。"《老子·二十五章》："有物混成，先天地生，寂兮寥兮！"僧肇对老子把"道"和万物割裂开来的倾向是不赞成的，他坚持的是真谛不离俗谛、性空不离假有的佛教观点，因而主张即色观空。

⑧**即物顺通**：不离万物而把握其性空的本质。

⑨**即伪即真**：假有即是性空，性空即体现在假有中。

⑩**经**：指《维摩诘经》，全称《维摩诘所说经》，三卷四十品，后秦鸠摩罗什译。该经依据般若，采用中道正观的方法，发挥了"诸法实相"的思想，并通过塑造一个"善于智度，通达方便"的维摩诘居士的形象而宣说了大乘不二法门。该经《入不二法门品》云："色即是空，非色灭空，色性自空。"僧肇在《维摩经注》中曾对此作了发挥，他说："色即是空，不待色灭然后为空，是以见色异于空者，则二于法相也。"僧肇在这里引经是为了强调不离色而观空，色与空仍是一个问题的两个方面，离开了色也就无所谓空。

⑪**败**：灭。

⑫**宰割**：分割、解剖，喻剖析。这里，僧肇通过引

经据典而第二次强调"即万物之自虚",主要是从万物本身来论证本体空。万物的空是它的本性,无须等待人们对它的分析或者从它以外另找"空"的原因。这是僧肇对"性空"本义的解释,也可视为是对即色论"色不自有,虽色而空"的进一步批评。

⑬**寝疾**:卧病。这里指《维摩诘经·问疾品》中所言:"如是我病非真非有,众生病亦非真非有。"

⑭**《超日》**:指《超日明三昧经》,二卷,西晋聂承远译。这里指经中所言:"不有寿,不保命,四大空。"

⑮**三藏**:佛教典籍经、律、论的总称。梵文为 Tri-pi taka。pitaka,即"藏"的原意是盛放东西的竹篋,佛教用以概括全部佛典,义近"全书"。

⑯第一真谛、世俗谛即佛教所说的"二谛"。二谛就是二种真实或实在的道理,包括真谛和俗谛。真谛指佛教的真理,也称"胜义谛"或"第一义谛"。俗谛指一般常人所理解的道理,也称世谛或世俗谛。

佛教认为,真谛本来是无法用名言概念来表达的,因为凡由世俗的名言概念所获得的认识,都是戏论,都属俗谛。但如僧肇《般若无知论》中所说的"言虽不能言,然非言无以传",因此,为使人们把握真谛,就必须"依俗谛而说真谛"或者"为真谛而说俗谛"。众生应该以俗谛为阶梯,由俗入真,证得真理。因此,真俗二谛既是对立的，又是统一的，两者缺一不可的。

《中论·观四谛品》："若不依俗谛，不得第一义。"例如，从俗谛来说万法是有，从真谛来看，万法是空。但世俗有即是毕竟空，毕竟空即存在于世俗有之中。因此，应该通过俗谛去把握真谛，通过色看到空，只要认识到色之为假有，也就领悟到了"空"的真谛。既看到假有，又看到性空，有无相即，真俗不二，这才是中道。

僧肇这里所引经文，出自《放光般若经》卷五："世俗之事有逮有得。但以世事故有须陀洹、斯陀含、阿那含、阿罗汉、辟支佛、有佛。欲论最第一者，无有逮，无有得。从须陀洹上至佛，亦无逮，亦无得。"

⑰**经**：指《般若经》。《摩诃般若波罗蜜经》卷二十二《道树品》："佛言：菩萨摩诃萨以世谛故，示众生若有若无，非以第一义。世尊，世谛第一义谛有异耶？须菩提！世谛第一义谛无异也。何以故？世俗如，即是第一义谛如，以众生不知不见是如故，菩萨摩诃萨以世谛示若有若无。"

⑱**以谛二而二于物**：二于物，把事物的非有非无加以割裂，视之为二。全句意谓佛经用真俗二谛来说明事物非有非无两个方面表达的是中道义，不能把两方面割裂开来理解。

译文

当我们用"物"这个名称去指称"物"的时候，所指称的物当然就可以是"物"。但当我们用"物"这个名称去指称"非物"的时候，所指称的"非物"虽然有了"物"之名，却仍然不是"物"。可见，物并不是有了物之名就有了物之实，究竟是"物"还是"非物"与是否有物之名是没有关系的。物之名也并不因为被赋予了物就成为真实的物，名即使给了物，名本身仍然是名而并无物之实。

既然名与实之间并没有什么必然的联系，那么佛教的真理乃是超然于名言概念之外的，靠文字语言哪能把它辨析得清楚呢？但我又不能沉默不语，那就只好暂且说几句，谈谈我对佛教"空"义的理解。

尝试着作如下论述：《大智度论》中说：万法既不是有相，也不是无相。《中论》中说：万法既不是有，也不是无，此乃终极真理。探究这里所说的"既不是有，也不是无"，并不是说要清除万物的存在，阻塞耳目感官，达到内外寂寥虚豁、空无一切，这才叫做真理。而是说，不离万物而把握其性空的本质，故顺通万物而与物不相违逆；不离假有而不失真谛，故万物的本性并不发生改变。万物的本性不变，故虽然是无而可以是有；万物与真谛不相违逆，故虽然是有而其实是无。虽然是有，其实是无，这就是所谓"非有"；虽然是无，又可以是有，这就是所谓"非无"。

这样，则并不是说没有物存在，而是说存在的物不是真物。物不是真物，那不是"空"还是什么呢？所以佛经中说：色的本性就是空，并不是色灭了以后才是空。由此可见，圣人之虚物，是不离万物本身而揭示其虚假的本性，哪里需要对万物加以分析解剖使其归于空无才求得佛教的"空"呢？

因此，《维摩经》中有患病非真病的说法；《超日明三昧经》中则有地水火风四大皆空的说法。佛典中的这些说法虽有不同，根本道理却是一样的。所以《放光般若经》中说：就佛教真理而言，世界万法无生无灭，是空；就世俗的见解来看，因缘而起的万法是有。万有是性空的假号，性空是万有的真名。因为是真名，所以虽然真实而非是有；因为是假号，所以虽然虚假而并非是无。因此，谈真未尝有，说假未尝无。两种说法虽然不一样，两者的道理却并无差异。

所以《大般若经·道树品》须菩提问佛说："佛教真理与世俗见解有差异吗？"佛回答说："没有差异。"这里，佛经通过佛教的真理以阐明非有，通过世俗的见解以阐明非无。非有非无显示出来的性空即是事物的真实本质，怎么能把事物非有非无两个方面割裂开来理解、视非有非无为二呢？

原典

然则万物果有其所以不有，有其所以不无。有其所以不有，故虽有而非有；有其所以不无，故虽无而非无。虽无而非无，无者不绝虚；虽有而非有，有者非真有。若有不即真①，无不夷迹②，然则有无称异③，其致一也④。

故童子⑤叹曰：说法不有亦不无，以因缘⑥故，诸法生。《璎珞经》⑦云：转法轮⑧者，亦非有转，亦非无转，是谓转无所转。此乃众经之微言也。何者？谓物无耶，则邪见非惑；谓物有耶，则常见为得。

以物非无，故邪见为惑；以物非有，故常见不得。然则非有非无者，信真谛之谈也。故《道行》⑨云："心亦不有亦不无。"《中观》⑩云："物从因缘故不有⑪，缘起故不无⑫。"寻理即其然矣！

注释

①**即真**：就是真有。

②**夷迹**：消除一切形迹。

③**称异**：名称不同。

④**其致一也**：根本道理是一样的。

⑤**童子**：指《维摩经》中所说的毗耶离城长者子，名宝积。《维摩诘经·佛国品》："长者子宝积作偈：说法不有亦不无，以因缘故诸法生。无我无造无受者，善恶之业亦不亡。"

⑥**因缘**：指得以形成事物、引起认识和造就业报等现象所依赖的原因和条件。佛教有时把起主要直接作用的条件称作"因"，把起间接辅助作用的条件称作"缘"；有时因缘合称，同指缘起之缘，如这里的"因缘故诸法生"。僧肇在《维摩经注》中曾对这段经文作过如下注释："欲言其有，有不自生。欲言其无，缘会即形。会形非谓无，非自非谓有。且有有故有无，无有何所无？有无故有有，无无何所有？然则自有则不有，自无则不无，此法王之正说也。"

⑦**《璎珞经》**：即《菩萨璎珞经》，十四卷，姚秦竺佛念译。卷十三云："文殊师利三白佛言：法有生灭，法无生灭？一切诸佛，所转法轮，亦有转，亦无转。……诸佛正法亦不有转，亦不无转。……诸法如空，故无有转，故无无转。"

⑧**法轮**：梵文 Dharmacakra 的意译，是对佛法的喻

称。一是比喻佛法能摧破众生烦恼邪恶，如印度古代神话中的转轮王转动手中所持的"轮宝"摧破山岳岩石一样；另外也是比喻佛之说法，如车轮辗转不停。

⑨《道行》：即《道行般若经》。卷一云："舍利弗谓须菩提，何而心亦不有亦不无，亦不能得？"

⑩《中观》：即《中观论》。卷四《四谛品》云："众因缘生法，我说即是空。何以故？众缘具足，和合而物生。是物属众因缘故无自性，无自性故空，空亦复空。但为引导众生故，以假名说。离有无二边，故名中道。是法无性故不得言有，亦无空故不得言无。"

⑪不有：万法因缘和合而有，无自性，故不是真有。

⑫不无：万法既由因缘和合而成，作为假有是存在的，故不是绝对的空无。之所以是如此，是因为：有如果是真有，那么它应该永远是有，哪里需要等待因缘条件然后才成其为有呢？譬如那真无，既然是真正的无，那它就应该永远是无，怎么会要等待因缘条件然后才成其为无呢？如果有不能自己使自己成为有，而是需要等待其他因缘条件才成为有，那么就可以知道，有并不是真正的有。有并不是真正的有，所以虽有而不可说是有。为什么又说不是无呢？因为只有湛然不动，才可称之为无，万物如果是无，那么就不应该因缘和合而生起，既然缘起而有了万物，那当然也就不是无了。

所以《大智度论》中说：一切诸法，一切因缘，所以应该是有；一切诸法，一切因缘，所以不应该是有。一切无法，一切因缘，所以应该是有；一切有法，一切因缘，所以不该是有。

译文

既然非有非无不可割裂为二，那么万物就不仅有它不是有的一方面，而且有它不是无的一方面。万物有它不是有的一方面，所以它虽有而不是有；万物有它不是无的一方面，所以它虽无而又不是无。虽无而不是无，所以万物的无并不是绝对的虚无；虽有而又不是有，所以万物的有并不是真实的有。如果说，有并不是真实的有，无也不是绝灭一切形迹，那么，有和无的名称虽然不同，其表达的根本道理却是完全一样的。

所以《维摩经》中的宝积童子感叹地说：如来说法，不是有，也不是无。由于因缘和合，所以才生起诸法。《菩萨璎珞经》中则说：所谓转法轮，既非有转，也非无转，这叫作转无所转。这些乃是众多佛经中的精微之言，蕴涵着深奥的意义。为什么呢？如果说万物是绝对的虚无，那么认为世界是绝对虚无的邪见就不是错误的了；如果说万物是真实的存在，那么认为世界确实是有的一般看法也就可以算是正确的了。

由于万物并不是绝对的虚无，所以认为世界是绝对虚无的邪见是错误的；由于万物并不是真有，所以认为世界是真实存在的一般看法也是不正确的。既然如此，那么只有"非有非无"，即既不执着有，也不执着无，才是真正符合佛教真理的说法。所以《道行般若经》中说："心既不是有，也不是无。"《中论》中说："世界万物都是因缘和合无自性，所以不能说是有；既然由缘而起，所以又不能说是无。"追寻宇宙万物的根本道理，确实是如此的。

原典

所以然者，夫有若真有，有自常有，岂待缘而后有哉？譬彼真无，无自常无，岂待缘而后无也？若有不能自有，待缘而后有者，故知有非真有。有非真有，虽有不可谓之有矣。不无者，夫无则湛然不动，可谓之无。万物若无，则不应起，起则非无，以明缘起，故不无也。[①]

故《摩诃衍论》[②]云：一切诸法，一切因缘，故应有[③]。一切诸法，一切因缘，故不应有[④]。一切无法，一切因缘，故应有。一切有法，一切因缘，故不应有。

寻此有无之言，岂直反论而已哉？若应有，即是有，不应言无；若应无，即是无，不应言有。言有是为假有，以明非无，借无以辨非有。⑤此事一称二⑥，其文有似不同，苟领其所同⑦，则无异而不同⑧。

注释

①在僧肇看来，凡是缘起之法都是不真实的，而有与无，皆须待缘，是相待而有的，因而都是不真实的。他在《维摩经·佛国品》注中说："有有故有无，无有何所无？有无故有有，无无何所有？然则自有则不有，自无则不无。"

②《摩诃衍论》：此指《大智度论》。卷八十云："一切法不自生，皆属因缘生。有人虽见一切法从因缘生，谓为从邪因缘生。邪因缘者微尘世性等。是故说不见法无因缘生，亦不见法从常因缘微尘世性生。"

③应有：诸法因缘和合而成，有假有存在，故应有。

④不应有：诸法无自性，本性是空，故不应有。

⑤言有是为假有，以明非无，借无以辨非有：讲"有"说的是假有，目的是为了表明"非无"，并不是说"真有"；讲"无"则是为了表明"非有"，并不是说绝对的空无。

⑥事一称二：同一回事，两种不同的说法。

⑦同：指非有非无，假有性空。

⑧无异而不同：一切法都是非有非无，假有性空，那么，虽然谈无说有，似有种种差异，本质上哪有什么不同呢？

译文

之所以是如此，是因为：有如果是真有，那么它应该永远是有，哪里需要等待因缘条件然后才成其为有呢？譬如那真无，既然是真正的无，那它就应该永远是无，怎么会要等待因缘条件然后才成其为无呢？如果有不能自己使自己成为有，而是需要等待其他因缘条件才成为有，那么就可以知道，有并不是真正的有。有并不是真正的有，所以虽有而不可说是有。为什么又说不是无呢？因为只有湛然不动，才可称之为无，万物如果是无，那么就不应该因缘和合而生起，既然缘起而有了万物，那当然也就不是无了。

所以《大智度论》中说：一切诸法，一切因缘，所以应该是有；一切诸法，一切因缘，所以不应该是有。一切无法，一切因缘，所以应该是有；一切有法，一切因缘，所以不该是有。

探究这里谈有说无的言论，哪里只是言论相反而已呢？如果应该是有，那就是有，不应该说无；如果应该是无，那就是无，不应该说有。为什么既说有又说无呢？因为说有说的是假有，目的是为了表明不是无；说无则是为了借助于无而表明不是有。这两种说法虽然不同，其实是一回事；文句似乎有所不同，但如果领会它们所表达的"非有非无、假有性空"这个相同的道理，那么再有差异的文句本质上也就没什么不同的了。

原典

然则万法果有其所以不有，不可得而有；有其所以不无，不可得而无。何则？欲言其有，有非真生；欲言其无，事象既形。象形不即无，非真非实有。然则不真空义，显于兹矣。故《放光》①云：诸法假号不真。譬如幻化人②，非无幻化人，幻化人非真人也。

夫以名求物，物无当名之实；以物求名，名无得物之功。物无当名之实，非物也；名无得物之功，非名也。是以名不当实，实不当名，名实无当，万物安在？③

故《中观》④云：物无彼此。而人以此为此，以彼为彼，彼亦以此为彼，以彼为此。此彼莫定乎一名，而惑者怀必然之志。⑤然则彼此初非有，惑者初非无。既悟彼此之非有，有何物而可有哉？

故知万物非真，假号久矣。是以《成具》⑥立强名之文，园林⑦托指马之况⑧。如此，则深远之言，于何而不在？

是以圣人乘千化而不变，履万惑而常通者，以其即万物之自虚，不假虚而虚物⑨也。故经⑩云：甚奇！世尊！不动真际⑪，为诸法立处。非离真而立处，立处即真也。然则道远乎哉？触事而真。圣远乎哉？体之即神。

注释

①**《放光》**：即《放光般若经》。《大品般若经·三慧品》中说："一切法但有名相。"《放光般若经·超越法相品》中更说："何等为名字相？佛告须菩提，名字者，不真，假号为名，假号为五阴，假名为人为男为女。"

②**幻化人**：以幻化人喻万法，说明僧肇的《不真空论》并不否定万法的存在，它只是揭示了万法的虚假本性，否定了万法的真实性。《中论·观颠倒品》："色声香味触，及法为六种，皆空如炎梦……犹如幻化人，亦如镜中像。"

③当名，与名词概念完全相当。得物，得以成为物，意谓与物完全相同。

以名求物，物无当名之实，故非物也：按照某个言词概念去寻求与它完全一样的东西，是找不到的，没有任何东西可以与之相当，所以这个名词所代表的事物是不存在的。

　　以物求名，名无得物之功，故非名也：以物求名，也没有什么名具备得物的功用，意谓要想找到与某物完全相同的名词概念，也是不可能的，所以代表这个事物的名称实际上也是不真实的。

　　僧肇认为，根据名实互不相当，就可得出无物真实存在的结论。文才《肇论新疏》："名自情生，好恶何定？或于一物立多名，或以一名召多物。物虽应名，亦无当名之实理，如以地龙木贼等名药也。又名虽召物，亦无得物之实功，如谈水不濡唇，言秽不污口。应知名是假号，物为幻化。但顺世俗，不入实相。"

　　僧肇坚持的是名实俱空的佛教观点，他在注《维摩经·弟子品》时曾说："名生于法，法生于名，名既解脱，故诸法同解也。"

　　④《中观》：《中论·观如来品》："诸法实相，无有此彼。"意思是说，事物本质上并没有彼此的分别，彼此的分别是人们强加给事物的。

　　⑤僧肇这里对《中论》思想的发挥，显然还借用了庄子语。《庄子·齐物论》："物无非彼，物无非是……是

亦彼也，彼亦是也。"郭象注曰："物皆自是，故无非是；物皆相彼，故无非彼。无非彼，则天下无是矣；无非是，则天下无彼矣。无彼无是，所以玄同也。"

不过，庄子的理论基础是相对主义，所以他的"齐物论"强调"天地一指也，万物一马也"。而僧肇的理论基础是佛教的般若空观，他强调的是"齐万有于一虚"（《答刘遗民书》），所以下文曰"故知万物非真，假号久矣"。

⑥《成具》：即《成具光明定意经》，经中有言："是法无所有法故，强为其名。"《老子·二十五章》也说："吾不知其名，字之曰道，强为之名曰大。"

⑦园林：指庄子，庄子曾为蒙漆园吏。

⑧托指马之况：况，譬喻。托指马之况，本于《庄子·齐物论》："以指喻指之非指，不若以非指喻指之非指也；以马喻马之非马，不若以非马喻马之非马也。天地一指也，万物一马也。"

⑨假，借助。这里，僧肇在论中第三次强调了"即万物之自虚"，并把即假有以观空、体认"万物非真"视为达到"乘千化而不变，履万惑而常通"的圣人之境的重要前提。

⑩经：指《般若经》。《摩诃般若波罗蜜经》卷二十五："须菩提白佛言：世尊，若实际即是众生际，菩萨则

为建立实际于实际。世尊，若建立实际于实际，则为建立自性于自性。"《放光般若经》中也有"不动等觉，建立诸法"的说法。

⑪**真际**：与法性、性空、如、至极等义同，指万法的真实本性。《放光般若经·不可得三际品》："法性及如、真际不可思议性，皆无有端绪，空寂不真。"《放光般若经·种树品》："诸法如如，诸法如真际，诸法如法性，是故诸法所有、皆无所有皆空。"

译文

既然如此，那么一切事物都确实有它所以不是有的根据，因而不可说它是有；同时又有它所以不是无的根据，因而又不可说它是无。为什么呢？因为如果说它是有，这个有却并不是真正的存在；如果说它是无，它却又已经由缘而起。已经由缘而起，所以它并不是无，只是非真实、非实有而已。这样，"不真空"的道理在这里就是十分清楚明白的了。所以《放光般若经》中说：诸法都只是假的名号，并不真实。譬如幻化人，并不是没有幻化人，而是说幻化人并不是真人。

如果我们以名求物，即按照某个名称去寻求与它完全相当的事物，那么任何事物都不可能有与这个名称完全相当的实；而如果我们以物来求名，即想要找到与某个事物完全相当的名称，也是找不到的，因为没有任何名称具备得物的功用，可见名不是这个物的名。因此，名与实并不相当，实与名也不相当，名实既然互不相当，那么，哪里有所谓的万物呢？

所以《中论》中说：事物本质上并没有彼此的分别。但人们站在此的立场上却以此为此，以彼为彼；站在彼的立场上却又以此为彼，以彼为此。此和彼都无法用一个名称把它固定下来，而迷惑的人却认定是可以这样做的。因此，彼此之分本来是不存在的，而迷惑的人却并不是不存在，既然明白彼和此是不存在的，那么还有什么事物会是有的呢？

据此可知，万物是不真实的，万物从来就只是假的名号而已。所以《成具光明定意经》中有勉强为物立名的说法，《庄子·齐物论》中也有"指"和"马"的譬喻。这样，蕴涵深远义旨的言论，何处不存在呢？

因此，圣人之所以能顺应千变万化而保持不变，经历无数迷惑而始终不惑，正是由于他不离万物而体认其虚假的本质，并不是靠人为地去否定万物才使万物虚假。所以佛经中说：真是奇怪呀！世尊！不变的真实本性是万法得以存在的根据。并不是离开真实的本性而有万法，而是万法存在之处即体现出真实的本性。既然如此，那么，道离我们很远吗？不！从当前的每一个事物中都体现出了道的存在。圣离我们远吗？不！只要能体悟佛法，即自心即为神圣也！

4　般若无知论第三

般若无知论①第三

夫般若虚玄者，盖是三乘之宗极也，诚真一之无差。然异端之论，纷然久矣。

有天竺沙门鸠摩罗什②者，少践大方③，研几斯趣，独拔于言象之表④，妙契于希夷⑤之境，齐异学于迦夷⑥，扬淳风于东扇。将爰烛⑦殊方⑧而匿耀凉土⑨者，所以道不虚应，应必有由⑩矣。

弘始三年⑪，岁次星纪⑫，秦⑬乘入国之谋⑭，举师以来之⑮。意也，北天之运⑯数其然也。大秦天王者，道契百王之端，德洽千载之下，游刃万机，弘道终日，信季俗苍生之所天，释迦遗法之所仗也。

时乃集义学沙门五百余人于逍遥观⑰，躬执秦文⑱，与什公参定方等⑲。其所开拓者，岂谓当时之益，乃累劫之津梁矣！余以短乏，曾侧嘉会，以为上闻异要，始于时也。

然则圣智⑳幽微，深隐难测，无相无名，乃非言象之所得。为试罔象㉑其怀，寄之狂言耳，岂曰圣心而可辨哉？

注释

①**般若无知论**：这是僧肇最早完成的一篇论文。据《高僧传·僧肇传》记载，僧肇随罗什从姑臧回到长安，便"入逍遥园，助详定经论。肇以去圣久远，文义舛杂，先旧所解，时有乖谬。及见什咨禀，所悟更多。因出《大品》之后，肇便著《般若无知论》，凡二千余言。"

僧肇在协助罗什重新译出《大品般若经》之后，结合自己在译经过程中听讲的体会而写成的《般若无知论》，由于文辞优美，思想深邃，因而颇得时人好评。罗什读后曾对僧肇说："吾解不谢子，辞当相挹。"东晋名僧慧远读之也"抚几叹曰：未尝有也。"庐山隐士刘遗民对此论更是大为欣赏，"披味殷勤，不能释手"。读后叹曰："不意方袍，复有平叔。"把僧肇比作魏晋玄学的开

立即将罗什送至长安。吕光破龟兹，获罗什，强以龟兹王之女妻之。归途中，闻符坚被杀，吕光便留住凉州称王，罗什亦随之在凉州滞留达十六年之久。僧肇仰慕罗什之高名，曾千里迢迢前来拜罗什为师。弘始三年（公元四〇一年），后秦主姚兴迎罗什到长安，待以国师之礼，并将罗什请入西明阁及逍遥园，译经讲论，培养弟子。僧肇等八百余沙门前往受学，协助译经，当时长安以罗什为中心形成了一个庞大的佛教僧团，罗什本人也成为中国佛教史上著名的四大译经家之一。罗什弘传的般若三论之学在中国佛教史上产生了极其巨大的影响。

③**大方**：大道，这里指佛道。《庄子·山木》中有"乃蹈乎大方"的说法，《庄子·秋水》中也说："吾长见笑于大方之家。"一说大方指大乘佛教。

④**独拔于言象之表**：本为易学用语，指语言和形象，王弼《周易略例·明象》："夫象者，出意者也；言者，明象者也。……故言者所以明象，得象而忘言；象者所以存意，得意而忘象。"表：外。独拔于言象之表：意谓能不执着佛经的语言文字而契悟佛理。

⑤**希夷**：形容无名无相。语本于《老子·十四章》："视之不见名曰夷，听之不闻名曰希。"僧肇借用老子对"道"的描绘来说明佛理佛境的离名离相，重点是说般若圣智的"无相无名"。

⑥迦夷：泛指天竺和西域诸国。

⑦烛：喻以佛光照亮。

⑧殊方：这里指中华汉地。

⑨匿耀凉土：指罗什被吕光留住凉国，未能从事译经传教的佛事活动。

⑩道不虚应，应必有由：意谓佛法的传播需要一定的因缘条件。

⑪弘始三年：后秦年号，即公元四〇一年。

⑫岁次星纪：岁，指岁星，即木星，因其每十二年在空中绕行一周，每年移动周天的十二分之一，古人以其所在的位置，作为纪年的标准，故得名；岁次，指岁星所值的星次与其干支，古代以岁星纪年，故也叫年次；星纪，十二星次之一，在十二支中处于丑位。

⑬秦：指后秦。

⑭入国之谋：后秦主姚兴派遣陇西公姚硕德西伐后凉王吕隆，隆军大败。九月，吕隆上表归降，遣子弟及文武旧臣五十余家入质于长安。

⑮来之：指迎罗什至长安。

⑯北天之运：《小品般若经·不可思议品》中说："如来灭后，般若波罗蜜当流布南方，从南方流布西方，从西方流布北方。"《摩诃般若波罗蜜经·闻持品》中也说："是深般若波罗蜜，佛般涅槃后，当至南方国

土。……从南方当转至西方。……从西方当转至北方。……后时在北方，当广行。"僧肇认为，中国在印度的东北方，罗什传般若学于中土，正应了佛经中的预言。

⑰**逍遥观**：在逍遥园内。逍遥园的故址，一说在长安之北、渭水之滨；一说即为今草堂寺，在西安市西南三十公里，户县东南二十公里处，寺内现存有鸠摩罗什舍利塔等。

⑱**秦文**：即汉文。

⑲**方等**：佛教大乘经典的总称。元照《佛说阿弥陀经义疏》曰："一切大乘皆以方等实相为体。方谓方广，等即平等。实相妙理，横遍诸法，故名方广；竖该凡圣，故言平等。"

⑳**圣智**：即般若。为了把佛教的般若智慧与一般世俗所谓的智慧区别开来，僧肇等人有时把般若意译为"圣智"。

㉑**罔象**：罔，同"无"；象，形象，形迹。罔象，无心之谓。语本于《庄子》寓言故事中的人名。《庄子·天地》："黄帝游乎赤水之北，登乎昆仑之丘而南望。还归，遗其玄珠。使知索之而不得，使离朱索之而不得，使喫诟索之而不得也。乃使象罔，象罔得之。黄帝曰：异哉！象罔乃可以得之乎？"黄帝遗失了玄珠（喻道），知（通智，象征智慧）、离朱（传说黄帝时视力最好的人，喻感

觉）和喫诟（喻语言、巧辩）皆索之不得，而象罔（喻无心）得之。这里的"象罔"，有的作"罔象"，两者可通。僧肇借用庄子的寓言来说明无相无名的般若乃非言象所能得。

译文

般若虽然虚玄，却是佛教一切原理的根本，是唯一真实的道理。但各种不正确的理解和错误的观点却流传很久了。

天竺沙门鸠摩罗什，从小就修习佛道，钻研佛理，能不执着佛经的语言文字而契悟佛法大义，对超言绝相的佛教圣境有深切的体会。他在天竺和西域诸国能统一对佛教学说的理解，如今又把佛法弘传于华夏东土。他虽然想使佛光照亮中土，却不得不在凉国留住十多年，可见佛法的传播是需要一定的因缘条件的。

弘始三年（公元四〇一年），后秦乘西伐后凉的机会，把罗什大师迎到了长安。我想，这就是佛经中所曾预言的，佛法将要从南方（印度）传到北方（中国）来了。大秦天王（姚兴）的道德与百代圣王相契，他的功德将流泽千载之下。他每天既日理万机，又盛弘佛法，实在是乱世百姓的真正依靠，释迦的遗教也要靠他护持。

当时，秦王召集了义学沙门五百余人在逍遥观协助罗什大师译述大乘佛典，他本人亲自参与校定译文。他们所开拓的事业，不仅有益于当时，而且成为累世度人的桥梁。我才疏学浅，但有幸参与了译场盛会，聆听罗什大师阐述般若要义，就是从这时候开始的。

然而，般若圣智幽深隐秘的微妙奥旨，难以常情测度。它无相无名，绝非通过语言概念就能得到它。为了说明般若无知、圣心无心的义旨，让我且以狂言的方式来表达一下自己的见解吧！这绝不意味着圣智圣心可以用语言来加以辨析。

原典

试论之曰：《放光》①云：般若无所有相，无生灭相。《道行》②云：般若无所知，无所见。此③辨智照之用④，而曰无相无知⑤者，何耶？果有无相之知，不知之照，明矣。

何者？夫有所知⑥，则有所不知。以圣心无知，故无所不知，不知之知，乃曰一切知。⑦故经⑧云：圣心无所知，无所不知。信矣！是以圣人虚其心⑨而实其照⑩，终日知⑪而未尝知⑫也。故能默耀韬光，虚心玄鉴，闭智塞聪，而独觉冥冥者矣。⑬然则智有穷幽之鉴，而无知焉；

神有应会之用，用无虑焉。

神无虑，故能独王于世表[14]；智无知，故能玄照于事外[15]。智虽事外，未始无事[16]；神虽世表，终日域中[17]。所以俯仰顺化，应接无穷，无幽不察，而无照功。斯则无知之所知，圣神之所会也。

然其为物也，实而不有，虚而不无，存而不可论[18]者，其唯圣智乎！何者？欲言其有，无状无名；欲言其无，圣以之灵[19]。圣以之灵，故虚[20]不失照[21]；无状无名，故照不失虚。照不失虚，故混而不渝[22]；虚不失照，故动以接粗[23]。

是以圣知之用，未始暂废；求之形相，未暂可得。故宝积[24]曰：以无心意而现行。《放光》[25]云：不动等觉而建立诸法。所以圣迹万端，其致一而已矣。

是以般若可虚而照[26]，真谛可亡而知[27]，万动可即而静[28]，圣应可无而为[29]。斯则不知而自知，不为而自为矣。复何知哉？复何为哉？

注释

①《放光》：即《放光般若经》。《舍利品》曰："般若波罗蜜……亦非相亦非无相。"《叹深品》曰："是般若波罗蜜法亦不生，亦不灭。"《阿惟越致相品》曰："佛

言：般若波罗蜜如虚空相，亦非相亦不作相。"

②**《道行》**：即《道行般若经》。《照明品》曰："诸法不可知不可见者，皆从般若波罗蜜。"

③**此**：指上引两段经文。

④**智照之用**：指般若的观照作用。

⑤**而曰无相无知**：净源《肇论中吴集解》云："无相无知，语其体也；言知言照，辨其用也。即体之用，明矣。"

⑥**有所知**：指的是世俗的认识。僧肇认为，世俗的认识总是有局限性的，不可能穷尽一切事物，故下句云"有所不知"。

⑦**圣心无知等句**：圣心，指获得般若智慧的圣人之心。由于在般若学和僧肇的思想体系中，只有凭借般若才能成圣（成佛），而获得般若智慧的同时，也就证得了圣果，因此，圣心和般若其实是同义语。僧肇在下文中说："夫圣心者，微妙无相，不可为有；用之弥勤，不可为无。不可为无，故圣智存焉；不可为有，故名教绝焉。"此可证僧肇所说的圣心、圣智都是指般若而言。在僧肇看来，般若没有世俗的知，故可称之为"无知"，而无知的般若由于摆脱了世俗之知的局限而可以遍知一切事物，所以又是"无所不知"。

⑧**经**：即《思益梵天所问经》，四卷，鸠摩罗什译。

卷一中云："如来坐道场时，唯得虚妄颠倒所起烦恼，毕竟性空。以无所得，故得；以无所知，故知。"

⑨**虚其心**：般若之体无相，圣人之心无知。

⑩**实其照**：无相之体有观照之用。

⑪**终日知**：知万法性空之真谛。

⑫**未尝知**：无世俗之惑知。

⑬以上几句，都是借用了老庄式的语言在表述般若之知与世俗之知的根本区别。《老子·五十六章》："知者不言，言者不知。塞其兑，闭其门，挫其锐，解其纷，和其光，同其尘，是谓玄同。"《庄子·天地》："视乎冥冥，听乎无声。冥冥之中，独见晓焉；无声之中，独闻和焉。"《庄子·知北游》："昭昭生乎冥冥，有伦生于无形。"

⑭**独王于世表**：王，读作"旺"，原意为称王，这里作"自在""超脱"解。独王于世表，意谓超然独立于世外，不为世俗之事所累。

⑮**玄照于事外**：玄照，洞察观照。玄照于事外，即观照事物性空之真谛而不为事所碍。

⑯**智虽事外，未始无事**：意谓般若观照的性空之真谛并不离虚假的事物而存在，故般若虽不执着事物但也不离事物而求真，这也就是"即事而真"的意思。

⑰**神虽世表，终日域中**：意谓处世不染即是世表，

出世并不离入世。以上两句，元康《肇论疏》解释说："虽云圣智玄照事物，即色知空也，非谓离色有空也。虽云圣神自在于世间之表，非谓不化众生，终日在域中应化也。"

⑱**存而不可论**：这里，僧肇借用了庄子语来描绘般若圣智的"实而不有，虚而不无"。《庄子·齐物论》："六合之外，圣人存而不论；六合之内，圣人论而不议；春秋经世先王之志，圣人议而不辩。"

⑲**圣以之灵**：圣，指佛；圣以之灵，意谓佛之所以成为佛，就在于佛证得了般若圣智。在般若学的思想体系中，证得般若，就是成佛，而成佛的标志也就是证得了般若，在此意义上，般若与佛实际上是无二无异的。

⑳**虚**：虚寂。

㉑**照**：观照。

㉒**混而不渝**：随顺世俗而不改变本性。

㉓**动以接粗**：粗，外境俗事。动以接粗，意谓般若的活动恒与外物相接。

㉔**宝积**：指鸠摩罗什所译《维摩诘所说经》，长者童子宝积偈赞曰："始在佛树力降魔，得甘露灭觉成道，已无心意无受行，而悉摧伏诸外道。"支谦译《佛说维摩诘经》则译为："始在佛树力降魔，得甘露灭觉成道，以无心意而现行。"

㉕**《放光》**：即《放光般若经》。卷二十云："凡夫、声闻、辟支佛于等正觉，亦复不动。"

㉖**可虚而照**：意谓般若体性虚寂而能起观照之用。

㉗**可亡而知**：亡，通"无"，指性空之真谛的无相；意谓真谛无相而能被般若鉴知。当然，无知之般若观照无相之真谛时是能所俱无的，即并没有能知和所知之分。

㉘**可即而静**：意谓可即万动而求静。

㉙**可无而为**：无，无为；为，有为。

译文

尝试着作如下的论述：《放光般若经》中说：般若没有有无相，也没有生灭相。《道行般若经》中说：般若没有世俗的知解，也没有世俗的见闻。这里辨的是般若智慧的观照作用，说的却是般若的无相无知，这是为什么呢？这说明确实存在着无相的般若之知，无知的般若观照作用，这不是十分清楚明白的吗？

为什么呢？因为有所知就有所不知。而圣人之心无知，所以能够无所不知。这种不知之知，才称得上是一切知。所以佛经中说：圣心无所知，故无所不知。诚如是言矣！因此，圣人空虚其心而能实有其观照作用，终日知而又未尝有任何世俗之知。所以圣人能不显露其光耀，空虚其心而进行深远的观照，闭智塞聪而证悟无上之正理。如此，则般若圣智有鉴照一切的能力而无知，圣人之心有应会万物的作用而无虑。

圣人无虑，所以能超然独立于世外；圣智无知，所以能洞察万理而不为事相所碍。不为事相所碍并非排斥事物的存在，超然独立于世外并非离开现实的世界。所以圣人能随顺万化，应接无穷，无幽不察，却并不显露出他的观照作用。这就是般若无知的知，这就是圣心无虑的应会。

然而，如果要描绘一下的话，那么，真实而并非实有，虚寂而并非空无，存在着却又不可论说，这大概就是般若圣智了。为什么这么说呢？因为如果要说它是有，它既无形相，又无名称；如果要说它是无，圣人却因为有了它才得以成为圣。圣人凭借般若才得以为圣，所以般若虽然虚寂而并不失观照真谛的功用；般若既无形相又无名称，所以它虽有观照真谛的功用而并不失其虚寂的本性。能观照真谛而不失虚寂的本性，所以它随顺世俗而并不改变自己的本性；虽然虚寂而不失观照的功用，所以它的活动总是不离世界万法。

因此，圣智之用没有一刻停止，而求之于形相却始终无法得到。所以《维摩经》中说，以无心意而发挥作用。《放光般若经》中说，以般若智慧而建立万法。所以佛陀之教说虽然千差万别，其根本道理则是相同的。

因此，般若体性虚寂而能起观照之用，真谛无相而能被圣智鉴照，万象虽动而并不离不动，圣人之应会万物可无为而无不为。这就是般若的不知而知，不为而为。除此之外，哪里还有什么知，还有什么为呢？

原典

难曰①：夫圣人真心独朗，物物斯照，应接无方，动与事会。物物斯照，故知无所遗；动与事会，故会不失机。会不失机，故必有会于可会；知无所遗，故必有知于可知。必有知于可知，故圣不虚知；必有会于可会，故圣不虚会。既知既会，而曰无知无会者，何耶？若夫忘知遗会者，则是圣人无私于知会，以成其私耳。②斯可谓不自有其知③，安得无知哉？

答曰：夫圣人功高二仪而不仁④，明逾日月而弥昏，岂曰木石瞽其怀⑤，其于无知而已哉？诚以异于人者神明，故不可以事相求之耳⑥。子意欲令圣人不自有其知，而圣人未尝不有知。无乃乖于圣心，失于文旨者乎？

何者？经⑦云：真般若者，清净如虚空，无知无见，无作无缘。斯则知自无知⑧矣，岂待返照然后无知哉⑨？若有知性空而称净者，则不辨于惑知⑩。

三毒⑪四倒⑫皆亦清净，有何独尊净于般若？若以所知美般若，所知非般若。所知自常净，故般若未尝净，亦无缘致净，叹于般若。然经云：般若清净者，将无以般若体性真净，本无惑取之知；本无惑取之知，不可以知名哉？岂唯无知名无知，知自无知矣。

是以圣人以无知之般若，照彼无相之真谛⑬。真谛无兔马之遗⑭，般若无不穷之鉴。所以会而不差，当而无是，寂怕无知，而无不知者矣。

注释

①**难曰**：这是僧肇假设的问难，以便更深入地论证发挥"般若无知论"的旨义。下面的"答曰"即是僧肇对"般若无知论"的正面阐释。

②**无私于知会，以成其私耳**：问难者认为，圣人是有知有会的，只是圣人不执着于知会，不以知会成其私而已。这里，僧肇借用了老庄语。《老子·第七章》："是以圣人后其身而身先，外其身而身存。非以其无私耶？故能成其私。"《庄子·天道》："夫兼爱，不亦迂乎！无私焉，乃私也。"郭象注《庄子》这段话曰："世所谓无私者，释己而爱人。夫爱人者，欲人之爱己，此乃甚私，非忘公而公也。"

③**不自有其知**：意谓圣人不以有知自居，不自以为是。文才《肇论新疏》曰："圣人不以知会自取为长。"

④**功高二仪而不仁**：二仪，指天地。功高二仪而不仁，乃借用了老子语，但两者取意不同。《老子·第五章》："天地不仁，以万物为刍狗。圣人不仁，以百姓为刍狗。"老子强调天地无私无为，僧肇则强调圣人化导众生而不住于化相。文才《肇论新疏》曰："如《金刚般若》云，四生九类我皆度之，功高也；而无有一众生实灭度者，不仁也。"

⑤**木石瞽其怀**：瞽，目盲，也指没有识别的能力，不明事理。僧肇这里的意思是说，圣人之知即是无知，说圣人无知，并非说像木石那样无知无觉。

⑥**神明等句**：神明，即神妙灵明，指般若之知。事相，即事物的表面现象，谓人之情见。僧肇这里的意思是说，圣人之知有异于世俗之知，故不能以常人的见解去理解它。

⑦**经**：指《般若经》。《摩诃般若波罗蜜经·等空品》："摩诃衍与虚空等，如虚空无见无闻，无觉无识。"《大智度论》的《含受品》和《三假品》中也有相近的说法。

⑧**知自无知**：般若圣智无名无相，本自清净，不以世界万物为认识对象，排除一切世俗见解，所以它本身

就是无（世俗之）知见的。

⑨**岂待返照然后无知哉**：返照，文才《肇论新疏》解为"反收其照，闭目塞聪；绝圣去智，冥如木石"。任继愈《般若无知论今译》解为"反复考查"。联系上下文来看，这里的"返照"即下文的"知性空而称净""无知名无知"，意谓通过般若观照的对象为性空来说明般若的无知。在僧肇看来，般若"体性真净，本无惑取之知"，即般若不以普通知的对象为对象，所以它的知就是无知，它的无知并不待人们用"无知"来规定它，证论它或认识它。

⑩**不辨于惑知**：惑知，惑取之知，指世俗之知。僧肇认为，般若的无知是超于世俗的所谓知与无知之上的，般若观照的对象为性空之真谛，但这里的观照是没有世俗所谓的知与所知的。如果认为般若观真谛也是有知，只是因为般若之知性空，所以才说它"无知"，这实际上就把般若之知与世俗之知混同起来了。不辨于惑知，谓与惑知区分不开来。

⑪**三毒**：指贪、嗔、痴三种烦恼。佛教认为，在诸多烦恼中，贪欲、嗔恚和愚痴是最根本的三种烦恼，是众生解脱的主要障碍。《大智度论》卷三十一："三毒为一切烦恼的根本。"《大乘义章》卷五本："此三毒通摄三界一切烦恼。"《别译杂阿含经》卷十一："能生贪欲、嗔恚、

愚痴，常为如斯三毒所缠，不能远离获得解脱。"

⑫**四倒**：亦称"四颠倒"，指关于常、乐、我、净的四种不正确的看法。有凡夫之四倒和二乘之四倒两种。凡夫之四倒：佛教认为，世间人生本为无常、苦、无我、不净，但凡夫不明此理，起颠倒的见解，误认为是常、乐、我、净，故称四倒。二乘之四倒：佛教认为，涅槃具有真正的常、乐、我、净"四德"，若对此抱有不正确的看法，认为涅槃无常、乐、我、净，那也是"颠倒"。

⑬**照彼无相之真谛**：照，观照，洞照。般若，智也；真谛，境也。但就"境智一如""境智不二"的意义上说，般若照真谛，是没有能照所照之分的。万法性空，此即真谛，真谛无相，它并不是一个独立存在的实体，而是对万法真实性的一种否定，认识到万法之为假有，排除一切世俗的认识，这就是洞照了性空之真谛，因此，般若观真谛，实际上也是般若圣智的自证自照，大放光明。"照到'无相'，就与实际相契合而成为'无知'。"（吕澂：《中国佛学源流略讲》，中华书局，一九七九年版，第一〇六页）这也就是僧肇在下文中说到的"般若之与真谛，言用即同而异，言寂即异而同"。

⑭**兔马之遗**：佛经中的一则譬喻。昙无谶译《优婆塞戒经》卷一云："如恒河水，三兽俱渡，兔、马、香象。兔不至底，浮水而过；马或至底，或不至底；象则

尽底。恒河水即是十二因缘也。声闻渡时，犹如彼兔。缘觉渡时，犹如彼马。如来渡时，犹如香象。"三兽同渡一河，河自无殊，得有深浅。以此譬喻三乘同入法性，浅深各异。

僧肇这里是说，佛教针对根机不同的对象所说的道理有深浅的不同，但佛教的真谛包罗穷尽一切真理而无任何遗漏。也有的认为僧肇这里强调的是真谛"本无兔马浅深之迹"。

译文

问难曰：圣人智慧超群，洞照万物，应接万方，时时与物事相会。洞照万物，所以遍知一切而无所遗漏；时时与物事相会，所以会物而不错过时机。会物而不错过时机，所以一定是会了所会的东西；遍知一切而无所遗漏，所以一定是知了可知的东西。既然知了可知的东西，所以圣人并非没有知；既然会了所会的东西，所以圣人并非没有会。既然知了，会了，却又说没有知，没有会，这是为什么呢？至于说到圣人忘掉知，抛弃会，那是圣人不执着于知会，不以知会成其一己之私而已。这只可说圣人不以有知自居，不自以为是，怎能说圣人是无知呢？

答曰：圣人的功德大于天地，但并不自以为仁慈；圣人的明智超过日月，但并不自以为聪明。哪里是说圣人的心智像木石一样无知无觉呢？实在是因为圣人具有异于一般人的神明，所以不能以常人的见解去理解他而已。您的意思是想论证圣人不自以为有知，而圣人并非没有知。这不是有违圣心，有失经文的义旨吗？

为什么说这是有违圣心，有失经文之义旨呢？因为佛经中说：真正的般若，清净如虚空，无知无见，无造作，无攀缘。这就表明，般若本身就是无知的，哪里需要通过般若所观之性空来说明般若的无知呢？如果说般若也有知，只是由于般若之知性空，所以它才是清净的，那么，般若之知与世俗之知实际上也就难以区分开来了。

"三毒""四倒"本质上也是性空清净的，那么般若的清净还有什么值得特别尊贵的呢？如果以般若所知者为性空之真谛来赞美般若，那也是不对的。因为般若是能知，而不是所知。作为所知的真谛清净，也不能令般若亦清净，从而来赞美般若。这样，佛经中说"般若清净"者，难道不是因为般若体性清净，本来就没有世俗之知，所以不可以称之为知吗？哪里只是以"无知"赋予般若之知？般若之知本来就是无知的！

因此，圣人以无知的般若来观照无相的真谛。真谛包罗穷尽一切真理而无任何遗漏，般若鉴知万法真谛而无幽不照。所以应会而无差错，适当而无偏执，虚寂无知而无所不知。

原典

难曰：夫物无以自通，故立名以通①物。物虽非名，果有可名之物当于此名矣。是以即名求物，物不能隐。而论云圣心无知，又云无所不知。意谓无知未尝知，知未尝无知，斯则名教之所通，立言之本意也。然论者欲一于圣心，异于文旨，寻文求实，未见其当。何者？若知得于圣心，无知无所辨；若无知得于圣心，知亦无所辨。若二都无得，无所复论哉②！

答曰：经云：般若义者，无名无说，非有非无，非实非虚。虚不失照，照不失虚，斯则无名之法，故非言所能言也。言虽不能言，然非言无以传。是以圣人终日言，而未尝言也。今试为子狂言③辨之。

夫圣心者，微妙无相，不可为有；用之弥勤，不可为无④。不可为无，故圣智存焉；不可为有，故名教绝焉。是以言知不为知，欲以通其鉴⑤；不知非不知，欲以辨其相⑥。辨相不为无⑦，通鉴不为有⑧。非有，故知而无知；非无，故无知而知。是以知即无知，无知即知。⑨无以言异，而异于圣心也。

注释

①通：通晓，了解，表达。

②若二都无得，无所复论哉：若知与无知两者都不对。问难者从知与无知相违的观点出发提出问题，认为知就是知，无知就是无知。因此，若说圣心有知，就不应说圣心无知；反之，若说圣心无知，就不应说圣心有知。若说圣心有知无知都不对，那还有什么可讨论的呢？一切说法不都成了多余吗？

③狂言：《庄子·知北游》："夫子无所发予之狂言而死矣夫！"意谓夫子（指老龙吉）没有能留下启发我的至言就死了。这里的"狂言"乃是指至言，因常人难以理解而称"狂言"。僧肇这里以"狂言"来表示般若之义非言所能言，需"相期于文外"之意。也就是需"得意忘言"的意思。他在《答刘遗民书》中也说："至趣无言，言必乖趣，云云不已，竟何所辨。聊以狂言，亦酬来旨耳。"

④这里僧肇借用了老子对"道"的描绘来说明般若圣智的不可为有，亦不可为无。《老子·第六章》："谷神不死，是谓玄牝。玄牝之门，是谓天地根。绵绵若存，用之不勤。"老子的意思是说，道（玄牝）虽然微妙不可

见，但它生养天地万物的作用却是无穷尽的。僧肇则以此来说明，般若之体"微妙无相，不可为有"，般若之用"用之弥勤，不可为无"。这里的"圣心"，与下句的"圣智"，都是指般若而言。

有时，僧肇也用"菩提"来表示。他在注《维摩经·菩萨品》中的"菩提"时曾作过如下发挥："道之极者，称曰菩萨。……其道虚玄，妙绝常境。听者无以容其听，智者无以运其智，辩者无以措其言，像者无以状其仪。故其为道也，微妙无相，不可为有；用之弥勤，不可为无。……然则无知而无不知，无为而无不为者，其唯菩提大觉之道乎？此无名之法，固非名所能名也。不知所以言，故强名曰菩提。"可见，在僧肇那里，圣心、圣智、菩提和般若，意义是相同的。

⑤通其鉴：通晓般若的鉴照之用。

⑥辨其相：明辨般若的无相之相，无惑取之相。

⑦辨相不为无：般若无相无知，并非无鉴照的作用。故下句云"无知而知"。

⑧通鉴不为有：般若有鉴照的作用，并非就是世俗所谓的有知，故下句云"知而无知"。

⑨知即无知，无知即知：这是强调般若圣智超于世俗之知与无知之上。这里，僧肇主要是从般若的"能照"方面说的：般若圣智与常人之智是不同的，它虚而能照，

照而不失虚。就无相之虚而言，无所谓知；就能鉴照而言，又不能说无知。知与无知都是辨析明达圣智的一种方便假设，本质上并没有什么可以分别的。

在《答刘遗民书》中，僧肇还曾从般若的"所照"方面来说明般若的非有知、非无知：般若观照的对象乃性空之真谛，性空并非绝对的空无，它并不离假有而存在，而是于非有非无之中体现出来。"非有所以不取，非无所以不舍。不舍故妙存即真，不取故名相靡因。名相靡因，非有知也，妙存即真，非无知也。"非有非无的真谛也决定了圣智既非有知，也非无知。

译文

问难曰：事物不能自己通达自己，所以立名以了解事物。物虽不等于是名，但毕竟有与名相当的物。因此，按照名来求物，物无法隐匿。而您在论中却说"圣心无知"，又说"无所不知"。我的理解是无知就是未曾有知，知就是未曾无知，这是名言教法的通例，立言的基本法则。然而您的论说想要合乎圣心，却背离了文句的义旨，寻文求实，您的论证显然是不当的。为什么呢？因为如果说圣心有知，那就不应该说圣心无知；如果说圣心无知，那就不应该说圣心有知。如果说圣心有知和圣心无知都不对，那还有什么可以再讨论的呢？

答曰：佛经中说，般若之义，既无名称，也不可论说；既不是有，也不是无；既不是实在的，也不是虚寂的。虚寂而不失观照，观照而不失虚寂，此乃无名之法，并非语言所能表述，语言虽然不能表达，但离开了语言又根本不能表达。所以圣人终日说，而又未尝说什么。现在，让我试着为您作些说明。

圣心者，微妙无形相，所以不可说它是有；但它的作用无限，所以又不可说它是无。不可说它是无，所以圣智是存在的；不可说它是有，所以名教与它是无关的。因此，说它知并非它有知，而是表明它的鉴照能力；说它不知并非它无知，而是辨明它的无相之相。辨明无相之相，它不是无；表明鉴照能力，它不是有。它并不是有，所以知而无知；它并不是无，所以无知而知。因此，知就是无知，无知就是知。不要因为知与无知的说法不同，就以为圣心也有这种不同。

原典

难曰：夫真谛深玄，非智不测。圣智之能，在兹而显。故经云：不得般若，不见真谛。真谛则般若之缘也。以缘求智，智则知矣。①

答曰：以缘求智，智非知也。何者？《放光》云：不缘色生识，是名不见色。又云：五阴清净，故般若清净。②般若即能知也，五阴即所知也。③所知即缘也。

夫知与所知，相与而有，相与而无。④相与而无，故物莫之有；相与而有，故物莫之无。物莫之无，故为缘之所起；物莫之有，故则缘所不能生。缘所不能生，故照缘而非知；为缘之所起，故知缘相因而生。是以知与无知，生于所知⑤矣。

何者？夫智以知所知，取相故名知⑥。真谛自无相，真智何由知？⑦所以然者，夫所知非所知，所知生于知。所知既生知，知亦生所知。⑧所知既相生，相生即缘法。缘法故非真，非真故非真谛也。故《中观》⑨云：物从因缘有，故不真；不从因缘有，故即真。

今真谛曰真，真则非缘。真非缘，故无物从缘而生也。故经⑩云：不见有法，无缘而生。是以真智观真谛，未尝取所知。⑪智不取所知，此智何由知？然智非无知，但真谛非所知，故真智亦非知。而子欲以缘求智，故以智为知。缘自非缘，于何而求知？

注释

①**以缘求智，智则知矣**：缘，所缘虑之境。智，圣

境，即般若。知，一般所谓的知。问难者把般若观照真谛视为有能知、所知之分。认为般若是能知，真谛是所知，既然有所知之境，怎么会没有能知之知呢？由所知而求能知，般若圣智应该说是有知的。

②**五阴清净，故般若清净**：《放光般若经》卷十一《问相品》云："须菩提问佛言，世尊，云何不见五阴为世间导？须菩提，不以五阴因缘起识者，是为不见五阴。"元康《肇论疏》在解释僧肇所引经文时说："五阴无相，故云清净，般若无知，故云清净也。"清净，义与"空"同。

③**般若即能知也，五阴即所知也**：由于清净与空同义，经中说五阴和般若皆清净，那么，般若即能知，五阴即所知，能知与所知当然也都是清净（空）的了，因此，不能从"所知"推出般若的有知。

④**相与而有，相与而无**：这是僧肇对知与所知皆清净的进一步论证，意谓知与所知是相互依待而有的，而相待而有的事物都是非有非无、不真而空的，因为相待而有即意味着待缘而起，缘起性空则是佛教的一个根本观点。

僧肇在论证非有非无的有无观时曾对此作过如下说明："欲言其有，有不自生。欲言其无，缘会即形。会形非谓无，非自非谓有。且有有故有无，无有何所无；有无故有有，无无何所有。然则自有则不有，自无则不无，此法王之正说也。"（《维摩经·佛国品》注）僧肇对知与所知皆清净的论证，主要是为了强调般若观照真谛，乃超出了世俗所谓知与所知相互对待的关系，故不能说般若有知。净源《肇论中吴集解》中说："能知有取，所知有相，则相与而有；能知无缘，所知无相，则相与而无。"文才《肇论新疏》也说："妄心妄境，相待而起。……真心真境，相待而无。"

⑤**知与无知，生于所知**：知，世俗之知，妄知。无知，般若之知，真知。僧肇的意思是说，所知乃五阴在一定条件下的暂时和合，并没有生成什么真实的东西。世俗之知执着所知之相，故有知；般若观照所知性空之真谛，真谛无相，故般若无知。

⑥**取相故名知**：缘生之所知并非真实的存在，但人们却把虚假的东西执着为实有，一一于境取相，这样就产生了世俗所谓的知。

⑦**真谛自无相，真智何由知**：世俗之知的对象有相可取，而般若真智的对象是真谛，真谛无相可取，故不能有知。

⑧**所知既生知，知亦生所知**：这里的知与所知乃是指世俗的认识和认识对象。在僧肇看来，世俗之知乃是取相的结果，取相故有知，此即"所知生知"，此知其实

是"惑取之知";而取相的同时也就把虚假的对象执着为实有了，故认识的对象（所知）其实也是世俗之知"惑取"的结果，此即"知生所知"。

⑨**《中观》**：即《中论》。论中《观四谛品》曰："众因缘生法，我说即是空，亦为是假名，亦是中道义。未曾有一法，不从因缘生，是故一切法，无不是空者。"青目在对此释义时说："众因缘生法，我说即是空，何以故？众缘具足和合而物生。是物属众因缘故无自性，无自性故空。……若法有性相，则不待众缘而有，若不待众缘则无法。是故无有不空法。"

⑩**经**：指《般若经》。《摩诃般若波罗蜜经·集散品》："诸法因缘和合，假名施设。"《摩诃般若波罗蜜经·净土品》："一切诸法中定性不可得，但从和合因缘起法故有名字诸法。"

⑪**真智观真谛，未尝取所知**：真谛无相，故般若无取。这里强调的是般若观真谛与世俗的知与所知的根本区别。

译文

问难曰：真谛深奥玄妙，非圣智而难以测度。圣智的能力，在这里得到了充分的显示。所以佛经中说：不得般若，便不见真谛。这表明，真谛是般若缘虑的对象，真谛是所知，般若是能知。由所知来求能知，般若圣智不显然是有知的吗？

答曰：由所知来求能知，般若圣智并非有知。为什么呢？《放光般若经》中说：并不因为缘色才生识，这叫做不见色。又说：色受想行识"五蕴"清净，所以般若清净。般若即是能知，五蕴即是所知。所知即是缘。

知与所知，是相互依持而有，相互依持而无的。相互依持而无，所以物并不存在；相互依持而有，所以物并非不存在。物并非不存在，所以物乃依缘而起；物并非存在，所以缘并不能生物。缘并不能生物，所以观照所缘并非有知；依缘而起，所以知与缘相互依存而生。因此，知与无知，都是由所知而产生的。

为什么呢？因为世俗的智把缘起的万法执着为实有而去加以认识，所以就有所谓的知；而般若所观照的对象是真谛，真谛无相，无可执着，般若真智从何而有知呢？之所以如此，就在于世俗所谓的所知并非真实的存在，它来自于人们的惑知。执着所知而有惑知，惑知又把所知执为实有。所知既然与惑知相待而生，相生即为缘起法，缘起法即是不真实的，不真实的东西也就不是真谛。可见世俗的所知与真谛不是一回事。所以《中论》中说，物从因缘有，所以不真实；不从因缘有，所以真实。

现在我们说的真谛既然称之为"真"，就说明它不是因缘而有的。真的东西非因缘而有，因而实际上并无事物从缘而生。所以佛经中说，未曾见有东西无缘而生。因此，般若真智观照无相真谛，并未执取所知。真智并不执取所知，此智何从有知呢？然而，般若真智并非无知，只是其所观之真谛非所知，所以般若真智也就没有一般世俗所谓的知。而您欲以所知来求圣智，因而以圣智为知。所知本身就虚假不真，那从何而可求知？

原典

难曰：论云不取者，为无知故不取？为知然后不取耶？若无知故不取，圣人则冥①若夜游，不辨缁素②之异耶？若知然后不取③，知则异于不取矣。

答曰：非无知故不取，又非知然后不取。知即不取，故能不取而知。④

难曰：论云不取者，诚以圣心不物于物，故无惑取也。无取则无是⑤，无是则无当⑥。谁当圣心⑦，而云圣心无所不知耶？

答曰：然，无是无当者。夫无当则物无不当，无是则物无不是。物无不是，故是而无是；物无不当，故当而无当。故经⑧云：尽见诸法，而无所见。

难曰：圣心非不能是，诚以无是可是。虽无是可是，故当是于无是矣。是以经云真谛无相，故般若无知者，诚以般若无有有相之知。若以无相为无相，有何累于真谛耶？

答曰：圣人无无相也。何者？若以无相为无相，无相即为相⑨。舍有而之无，譬犹逃峰而赴壑，俱不免于患矣。是以至人处有而不有，居无而不无，虽不取于有无，然亦不舍于有无。所以和光尘劳⑩，周旋五趣⑪，寂然而往，怕尔⑫而来，恬淡无为而无不为⑬。

难曰：圣心虽无知，然其应会之道不差。是以可应者应之，不可应者存之。然则圣心有时而生，有时而灭，可得然乎？

答曰：生灭者，生灭心也。⑭圣人无心，生灭焉起？然非无心，但是无心心⑮耳。又，非不应，但是无应应⑯耳。是以圣人应会之道，则信⑰若四时之质⑱，直以虚无为体，斯不可得而生，不可得而灭也。

注释

①**冥**：冥暗，愚昧无知。

②**缁素**：黑白。

③**不取**：指上文的"真智观真谛，未尝取所知"。

④**知即不取，故能不取而知**：僧肇认为，问难者其实仍然没有把般若的知与无知同世俗的知与无知区别开来。世俗的知与无知是同取与不取相应的，而般若的知是不取而知的，因为般若洞照事物性空之真谛而不执着于任何事相。

⑤**无取则无是**：是，印可事物之不谬，有所肯定。无取则无是，谓不去执取所知，也就无所肯定。

⑥**无是则无当**：当，相当、相对应。无是则无当，谓无所肯定，当然也就没有与之相当的事物。

⑦**谁当圣心**：圣心无取无知，谁与之相当呢？

⑧**经**：指《般若经》。《放光般若经》卷二："菩萨作是行般若波罗蜜。于诸法无所见。……一切诸法悉不见。"

⑨**无相即为相**：执着"无相"，无相也就成为一种"相"了。僧肇在《不真空论》中说："虽无而非无，无者不绝虚；虽有而非有，有者非真有。"真谛的无相并不是与俗谛的有相相对立，而是通过俗谛的有相体现出来。认识俗谛的有相虚幻不实，即把握了真谛的无相。若把真谛的无相绝对化，这本身便是执着一种"相"了。所以下句言"舍有而之无"，意为舍弃了"有"而又去执着了"无"，这都是片面的。

⑩**和光尘劳**：语本于《老子·五十六章》："和其光，同其尘。"

⑪**五趣**：又称"五道"，佛教所说的众生根据生前善恶行为而有的五种轮回转生的趋向，它们是：地狱、饿鬼、畜生、人、天。若再加上"阿修罗"则称六趣或六道。

⑫**怕尔**：即泊尔，恬淡无为的样子。

⑬**无为而无不为**：《老子·三十七章》："道常无为而无不为。"

⑭**生灭者，生灭心也**：所谓生灭，都是相对于妄心而言的。僧肇在《维摩经·佛国品》注中说："万事万形，皆由心成。"在《维摩经·弟子品》中也说："万法云云，皆由心起。"

⑮**无心心**：无心之心，无心于心。

⑯**无应应**：无应之应，不以应为应。

⑰**信**：的确。

⑱**四时之质**：《论语·阳货》："子曰：天何言哉？四时行焉。"《荀子·天论》："列星随旋，日月递照，四时代御，阴阳大化，风雨博施，万物各得其和以生，各得其养以成，不见其事而见其功。"

译文

问难曰：论中所说的"不执取"，是无所知因而不执取呢？还是有所知以后不执取？如果无所知因而不执取，难道圣人愚昧无知就像人夜游分辨不出黑白来吗？如果有所知然后不执取，那么知与不执取显然并不是一回事。

答曰：并不是无所知因而不执取，也不是有所知以后不执取。般若的知就是不执取，所以般若能不执取而有知。

问难曰：您所说的不执取，其实是说圣心不执着于外物，不为外物所累。无执取就无所肯定，无所肯定也就无物与之相当。如果说圣心无取无知，那么谁与之相当呢？无物与之相当，又怎么能说圣心无所不知呢？

答曰：您说得对，般若之知正是无所肯定，无物与之相当。因为无物相当，所以就无物不相当；因为无所肯定，所以就无物不肯定。无物不肯定，所以肯定而无所肯定；无物不相当，所以相当而又无物与之相当。所以佛经中说，见到了一切事物而又无所见。

问难曰：圣心并非不能肯定，而是没有可肯定的东西让它肯定。虽然没有可肯定的东西让它肯定，所以就应当肯定那没有东西可肯定。所以佛经中说"真谛无相，故般若无知", 实在是因为般若没有有相的知。如果把真谛的无相仍看作无相, 那对真谛有什么妨害呢?

答曰: 圣人也没有"无相"。为什么呢? 因为如果以无相为相, 无相也就成为一种相了。舍弃了有而又执着了无, 好比是逃离了险峻的山峰又跑入了险恶的山沟, 都未能免于患。因此, 至人在有而不执着有, 在无而不执着无, 虽然不执着有无, 但也不舍弃有无。所以他能随顺万物而与世俗共处, 轮回于五趣而并不碍超脱, 寂然而往, 泊尔而来, 恬淡无为而无不为。

问难曰: 圣心虽然无知, 但它在应会万物方面并没有差错。因此, 可应会的就应会, 不可应会者就存而不应。这样, 圣心就是有时而生, 有时而灭, 难道可以这样吗?

答曰: 所谓生灭者, 都是相对于妄心而言的。圣人无心, 生灭由何而起呢? 说圣人无心, 并非圣人真的无心, 而是说圣人无心于心。同样, 圣人也并非不应会外物, 而是圣人不以应会为应会。因此, 圣人之应会外物, 犹如春夏秋冬四时的自然运行, 完全以虚寂无为为根据, 既不能使它生, 也不能使它灭。

原典

难曰: 圣智之无, 惑智之无, 俱无生灭, 何以异之?

答曰：圣智之无者，无知①；惑知之无者，知无②。其无虽同，所以无者异也。何者？夫圣心虚静，无知可无，可曰无知，非谓知无。惑智有知，故有知可无，可谓知无，非曰无知也。无知即般若之无也，知无即真谛之无也。

是以般若之与真谛，言用即同而异，言寂即异而同。同故无心于彼此，异故不失于照功。是以辨同者同于异，辨异者异于同，斯则不可得而异，不可得而同也。何者？内有独鉴之明，外有万法之实。万法虽实，然非照不得。内外相与以成其照功，此则圣所不能同，用也。内虽照而无知，外虽实而无相，内外寂然，相与俱无，此则圣所不能异，寂也。

是以经③云：诸法不异者，岂曰续凫截鹤④，夷岳盈壑，然后无异哉？诚以不异于异，故虽异而不异也。故经⑤云：甚奇世尊，于无异法中而说诸法异。又云：般若与诸法，亦不一相，亦不异相。信矣！

难曰：论云言用则异，言寂则同，未详般若之内，则有用寂之异乎？

答曰：用即寂，寂即用。用寂体一，同出而异名⑥，更无无用之寂而主于用也。是以智弥昧，照逾明；神弥静，应逾动。岂曰明昧动静之异哉？

故《成具》⑦云：不为而过为。宝积⑧曰：无心无识，无不觉知。斯则穷神尽智，极象外之谈也。即之明文，圣心可知矣。

注释

①**无知**：般若的无知是无世俗的惑取之知，它没有一般人所说的"知"，因其无"知"可无，故谓"无知"。同时，般若的无知，实际上是"无所不知"的大智，因为它洞照世界万法的共同本质——性空之真谛，所以不能称之为"知无"。

②**知无**：这是僧肇为了把人们通常所说的无所知之与般若的无知区分开来而提出的一个概念，这里的"知"是指世俗的惑取之知，"知无"即是世俗之知的无。由于世俗之知的"无"是相对于世俗之知的"有"而言的，指的是"知"之无，故可谓之"知无"而不可谓之"无知"。同时，这里的"知无"也有世俗之知本性空寂的意思，故下句中有"知无即真谛之无"的说法，意谓世俗之知中没有关于"真谛"的认识，断灭惑知，即显无相之真谛。

③**经**：指《般若经》。《摩诃般若波罗蜜经》卷二十二《遍学品》云："诸法无相，非一相，非异相。"

④**续凫截鹤**：借用庄子语。《庄子·骈拇》："凫胫虽

短，续之则忧；鹤胫虽长，断之则悲。"凫胫，野鸭小腿。

⑤经：指《般若经》。《摩诃般若波罗蜜经》卷二十三《六喻品》："世尊！云何无异法中，而分别说异相。"卷二十二《遍学品》："诸法无相，非一相，非异相。"

⑥同出而异名：语本于老子语。《老子·第一章》："此两者，同出而异名。"老子意为两者同一个来源而名称不同。僧肇借用老子语说明寂用不二，但并非认为寂用复有同出之源。

⑦《成具》：即《成具光明定意经》，经中有"不为而为过"之文。

⑧宝积：指《维摩经》中的长者子宝积。《维摩经·佛国品》中载宝积说偈言："已无心意无受行，而悉摧伏诸外道。"僧肇曾注曰："心者何也？染有以生。受者何也？若乐是行。至人冥真体寂，空虚其怀，虽复万法并照，而心未尝有。苦乐是行，而不为受，物我永寂，岂心受之可得。受者三受也，苦受、乐受、不苦不乐受也。无心伏于物，而物无不伏。"

译文

问难曰：般若圣智的无和世俗惑智的无都没有生灭，

如何区别它们呢？

答曰：般若圣智的无，是无知；世俗惑知的无，是知无。它们的"无"虽然相同，其之所以无的根据却不一样。为什么呢？因为圣心虚静，没有任何世俗所谓的"知"可以无（否定），所以可称之为"无知"而不可说是"知无"。而世俗的知是相对于不知而言的，既然"有知"，也就有知可以无（否定），所以可称之为"知无"而不说它是"无知"。无知是般若圣智无世俗之知的无，知无是世俗惑智无真谛的无。

因此，般若与真谛，就其功用而言是同而相异，就其体性而言是异而相同。相同，所以圣心无心于彼与此；相异，所以般若并不失其观照的功用。因此，辨别同者同于异，辨别异者异于同，这样，般若与真谛两者就既不可得而异，也不可得而同。为什么呢？因为在内有独特的鉴照之明，在外有万法之境；万法性空之实，非观照而不可证得。内和外相互配合以成就般若观照之功，这里体现的就是两者不同的功用；内虽观照而无知，外虽有实相而实相无相，内外同为寂然而虚无，这里体现的就是两者相同的体性。

因此，佛经中所说的"诸法不异"，哪里是说截去鹤的长腿，接长野鸭的短腿，削平山峰，填满山沟，然后才是无异呢？事实上，佛经所说的不异，是不异于异，即不把异当作异，不执着有异。不把异当作异，所以虽异而不异。所以佛经中说：真是奇妙啊！世尊能于无异的事物中说事物之异。又说：般若与万物，既非一相，又非异相。这话说得真是对啊！

问难曰：论中说，就功用而言则有异，就体性而言则无异，不知在般若之内是否有体性与功用的差别？

答曰：体即用，用即体，体用是一回事，只是有不同的名称而已，并非离用另有一体以作为用之体。因此，般若圣智越是无知，越能发挥它的观照作用；圣人之心识越是寂静，越能应会万事万物。岂能说无知与鉴照、寂静与应物是有差异的呢？

所以《成具光明定意经》中说：无为而超过了有为。《维摩经》中说：无心无识而无不觉知。这些都是最深刻、最高明、最超越的言论。细细体会这些经文，般若之神妙就不难理解了。

5　涅槃无名论第四

涅槃无名论^①第四

　　奏秦王^②表

　　僧肇言，肇闻天得一^③以清，地得一以宁，君王得一以治天下。伏惟陛下睿哲钦明，道与神会，妙契环中，理无不统，游刃万机，弘道终日，威被苍生，垂文作则。所以域中有四大^④，而王居一焉。

　　涅槃之道，盖是三乘之所归，方等^⑤之渊府。渺漭希夷，绝视听之域；幽致虚玄，殆非群情之所测。肇以人微，猥蒙国恩，得闲居学肆，在什公门下十有余载，虽众经殊致，胜趣非一，然涅槃一义，常以听习为先。肇才识暗短，虽屡蒙诲喻，犹怀疑漠漠，为竭愚不已，亦如似有解，然未经高胜先唱，不敢自决。不幸什公去世，咨参无所，以为永慨。

而陛下圣德不孤⑥，独与什公神契，目击道存⑦，快尽其中方寸，故能振彼玄风，以启末俗。一日遇蒙《答安城侯姚嵩书》⑧，问无为宗极，何者？"夫众生所以久流转生死者，皆由着欲故也。若欲止于心，即无复于生死。既无生死，潜神玄默，与虚空合其德，是名涅槃矣。既曰涅槃，复何容有名于其间哉?"斯乃穷微言之美，极象外之谈者也。自非道参文殊⑨，德侔慈氏⑩，孰能宣扬玄道，为法城堑，使夫大教卷而复舒，幽旨沦而更显。寻玩殷勤，不能暂舍，欣悟交怀，手舞弗暇，岂直当时之胜轨，方乃累劫之津梁矣。

然圣旨渊玄，理微言约，可以匠彼先进，拯拔高士。惧言题之流，或未尽上意，庶⑪拟孔《易》⑫《十翼》⑬之作，岂贪丰文，图以弘显幽旨。

辄作《涅槃无名论》，论有九折十演。博采众经，托证成喻，以仰述陛下无名之致。岂曰关诣神心，穷究远当，⑭聊以拟议玄门，班喻学徒耳。

论⑮末章云，"诸家通第一义谛，皆云廓然空寂，无有圣人。吾常以为太甚径庭，不近人情。若无圣人，知无者谁?"实如明诏！实如明诏！夫道恍惚窅冥，其中有精⑯，若无圣人，谁与道游？顷诸学徒莫不踌躇道门，快快此旨，怀疑终日，莫之能正。幸遭高判，宗徒幡然，扣关之俦，蔚登玄室^⑰，真可谓法轮再转于阎浮^⑱，道光重映于千载者矣。

今演论之作旨，曲辨涅槃无名之体，寂彼廓然排方外之谈^⑲，条牒如左，谨以仰呈。若少参圣旨，愿敕存记，如有其差，伏承指授。僧肇言。

泥曰、泥洹、涅槃，此三名前后异出，盖是楚夏不同耳。云涅槃，音正也。

注释

①涅槃无名论：关于此论是否僧肇本人所作，近代以来颇有争议。汤用彤先生曾列举五条疑点，得出此文"或非僧肇所作"的看法（详见汤著《汉魏两晋南北朝佛教史》第四七九—四八〇页）。

石峻先生进一步以僧肇跟随罗什学习般若学的经历和《奏秦王表》中僧肇自述"在什公门下十有余载，虽众经殊致，胜趣非一，然涅槃一义，常以听习为先。"相矛盾以及《涅槃无名论》与《般若无知论》思想上有差异为补充，肯定"《涅槃无名论》之为伪作"（石峻《读慧达肇论疏》述所见）。

对此，郭朋先生曾认为，"这种怀疑是缺少根据的"

（郭著《隋唐佛教》第二〇四页）。侯外庐、吕澂等则认为，"这一问题尚需作进一步的考证"（侯主编《中国思想通史》第三卷，第四五七页），"此论是否僧肇所作，还可以研究"（吕著《中国佛学源流略讲》第一〇一页）。

从总体上看，侯、吕二位的观点比较可取。而汤、石二位的论证虽有一定的道理，但并不足以从根本上判定此论为伪作。首先，以僧肇的学历来说，他在罗什门下虽以学般若为主，但师徒之间谈及涅槃一义，也是有可能的。因为佛教各说皆以涅槃为其最终的归宿，即以罗什所着力弘扬的《中论》而言，也专门有《观涅槃品》。僧肇在辨析涅槃义时为了强调自己的学术传承而说自己在罗什门下"涅槃一义，常以听习为先"，这是很自然的事。

其次，从思想内容上看，《涅槃无名论》主要是以般若空观和真俗二谛来说无余涅槃和有余涅槃"盖是涅槃之外称，应物之假名"，本质上无甚分别。涅槃之为道，无名无相，离言离说，故不可以世俗的眼光而对之有任何的执着。这与《般若无知论》和《维摩经注》中的说法是基本一致的，与《中论》和《百论》的思想也大致相同。《涅槃无名论》论证涅槃"非有亦复非无"的方法与《中论》和僧肇其他三论的论证方法也是基本一致的。

最后，我们现在所了解的僧肇的生平事迹和学历，主要是依据梁慧皎的《高僧传》，然就在该传的《僧肇本传》中，就有僧肇"著《涅槃无名论》……论成之后，上表于姚兴"的记载，并节引了《奏秦王表》和《涅槃无名论》中的有关段落，对于同一传记中所载，我们显然不能轻易地加以否定。

综上所述，我们认为，目前不宜把《涅槃无名论》判为伪作，从全论的主要思想看，它甚至可说"是对整个《肇论》的归纳，也是僧肇一生学说的总结"（任继愈主编《中国佛教史》第二卷，第五一一页）。

②**秦王**：指后秦主姚兴（公元三六六—四一六年）。姚兴为姚莫子，字子略，公元三九四至四一六年在位。曾先后灭前秦、西秦及后凉，与北魏、东晋相对抗，是十六国时期比较有作为的君主。他提倡佛教和儒学，迎鸠摩罗什到长安，待以国师之礼，并将罗什请入西明阁及逍遥园，译出大量佛经，同时命僧肇等八百余沙门前往受学，协助译经。姚兴自己也曾亲临听讲，并参与译校佛经。

在姚兴的大力扶植与倡导下，以鸠摩罗什为中心形成了一个庞大的佛教僧团，沙门自远而至者达五千余人。姚兴还在中国佛教史上首次设立了僧官和管理僧尼的行政机构。佛教在后秦姚兴时达到了极盛。

③**得一**：语本于老子。《老子·三十九章》："昔者得

一者：天得一以清，地得一以宁，神得一以灵，谷得一以盈，万物得一以生，侯王得一以为天下贞。"一，代指"道"。

④**域中有四大**：语本于老子。《老子·二十五章》："道大，天大，地大，人亦大。域中有四大，而人居其一焉。人法地，地法天，天法道，道法自然。"文中"人"，王弼本和帛书甲乙本均作"王"，但王弼的注是按"人"字注解的。从下文中的"人法地……"来看，"王"应依传变本，作"人"。僧肇乃借老子语而表达对秦王姚兴的崇敬。

⑤**方等**：佛教大乘经典的通称。

⑥**圣德不孤**：借用孔子语来称赞姚兴与罗什的神契。《论语·里仁》："子曰：德不孤，必有邻。"

⑦**目击道存**：击，接触，碰撞。语本于《庄子》引孔子语。《庄子·田子方》："温伯雪子适齐。……仲尼见之而不言。子路曰：吾子欲见温伯雪子适齐。……仲尼见之而不言。子路曰：吾子欲见温伯雪子久矣。见之而不言，何邪？仲尼曰：若夫人者，目击而道存矣，亦不可以容声矣！"僧肇这里主要用以称颂姚兴与罗什的默契，目相接触而已达道意。

⑧**《答安城侯姚嵩书》**：秦王姚兴答姚嵩书。据《广弘明集》卷十八载，姚兴曾有诏云："大道者以无为为

宗，若其无为，复何所有耶？"姚嵩上表难云："不审明道"之无为，为当以何为体？若以妙为宗者，虽在帝先而非极；若以无有为妙者，必当有不无之因。因称俱未冥，距是不二之道乎？"这里的"无为"，意即"涅槃"。姚兴答书中对"涅槃"发表了自己的看法，其中有两个主要观点，其一为涅槃"无名"，其二为"若无圣人，知无者谁"，僧肇对此都作了引述。

⑨**道参文殊**：与文殊合道。文殊，梵文 Mañjuśri 音译文殊师利之略称，意译"妙德""妙吉祥"等，菩萨名。释迦牟尼佛的左胁侍，专司"智慧"，常与司"理"的右胁侍普贤并称。为中国佛教四大菩萨之一，相传其显灵说法的道场在山西五台山。

⑩**德侔慈氏**：与慈氏合德。慈氏，梵文 Maitreya 的意译，音译作"弥勒"，菩萨名。据佛经中载，原出生于婆罗门家庭。后为佛弟子，先佛入灭，上生于兜率天内院。从佛授记，将继承释迦佛位为未来佛。

⑪**庶**：表示期望。

⑫**《易》**：即《易经》。

⑬**《十翼》**：指《易传》，是对《易经》最古的注解、说明和发挥。共十篇，相传为孔子所作。

⑭**关诣神心，穷究远当**：文才《肇论新疏》："关涉造诣神妙之心，极尽玄远允当之理。"

⑮论：指姚兴的《答安城侯姚嵩书》。

⑯其中有精：借用了老子语来喻佛道。《老子·二十一章》："道之为物，惟恍惟惚。惚兮恍兮，其中有象；恍兮惚兮，其中有物；窈兮冥兮，其中有精，其精甚真，其中有信。"

⑰幸遭高判，宗徒懽然，扣关之俦，蔚登玄室：懽，裂帛声。懽然，喻疑情破裂。蔚，草木盛貌。玄室，指胜义涅槃。文才《肇论新疏》注僧肇句意云："达逢明君，高见判决，疑盖懽然而裂，扣关者盛登于玄室也。"

⑱阎浮：梵文 Jambudvipa 旧音译"南阎浮提"的略称，新译作"南赡部洲"。阎浮（赡部）意译为"秽"，树名。按佛典上讲，南阎浮提乃是位于须弥山南面的一个大洲，因盛产"阎浮"树而得名。佛经上指的实际是印度，但在中土佛典及著述中往往以南阎浮提指称中华及东方诸国。

⑲寂彼廓然排方外之谈：寂，息也。廓然，即"廓然空寂，有圣人"的观点。方外，世俗之外。《庄子·大宗师》："孔子曰：彼游方之外者也，而丘游方之内者也。"

奏秦王（姚兴）表

　　僧肇谨言：我曾听到过这样的说法：天得一以清，地得一以宁，君王得一以治天下。陛下您圣智英明，与道神会；妙应万物，统贯众理；日理万机，弘道终日；威武震四海，文教经万世。所以域中有四大，王居其一也。

　　涅槃之道，乃是佛教一切教说的最终归趣，佛教大乘经典的立言根本。它渺漭而无形相，超出了常人视听的范围；它幽玄而虚寂，非常人之情见所能测度。僧肇人虽卑微，但也蒙受国恩，得以有机会在学馆听讲。在罗什大师门下十多年，虽然各种佛经的妙理听了不少，但涅槃之义常以听习为先。肇才疏学浅，虽屡蒙教诲开导，但仍未能透彻地领悟大义。努力尽自己的能力去体悟，似乎有所理解，然未经明师高士先示，不敢自以为一定如此。不幸罗什大师去世，使我失去了咨询参问的良师，以此为永远的遗憾！

　　陛下圣德不孤，独与罗什大师默然神契，心心相印，因而能弘扬佛法，化导世俗。一日有机会拜读到您的

《答安城侯姚嵩书》，在回答"何为涅槃根本义"时，您说："众生之所以长久地流转生死不得解脱，都是由于他们执着种种贪欲的缘故。如果能断灭妄心贪欲，就可以超脱生死轮回。超脱生死，冥潜心神，玄妙寂默，无名无相，这就是涅槃。既然称之为涅槃，它还有什么名呢？"这真是穷尽佛典精义的高论，超越一切的美谈。如果不是与文殊菩萨合道，与弥勒菩萨合德，哪能如此弘道，使佛法大教再兴、无名幽旨彰显？反复体味文旨，愈加爱不释手；心中时有所悟，往往激奋不已。这不但是当时指点迷津的明灯，更是万世渡人的桥梁。

然而，圣旨精微玄妙，言语简约而道理深奥，可以使理解能力强、已有一定佛法基础的人得益匪浅，更上一层楼，但那些滞文守句之辈，却未必能尽解圣上的旨意。因此，我想模仿孔子作"十翼"注解发挥《易经》那样写一篇东西，目的并不在增广文字，而在演释您文中的深妙之旨。

现在写成的《涅槃无名论》，共有九折十演。论文博采众经，引经据典，是为了尽可能地把陛下您关于涅槃无名的意思充分表达出来。论文不敢说已经关涉到了神心之微妙，极尽了玄远允当之理，只是就自己的理解对玄妙之门谈点看法，提供给各位学佛者参考而已。

您的《答安城侯姚嵩书》末章中说："各家理解佛教

的第一义谛，都说寂然空寂，无有圣人。我常常认为这个说法与佛法大义相去太远，且不近人情。如果说没有圣人，那么知道无的是谁呢？"完全如您所说，您说得太对了！道者，恍恍惚惚，其中有精，如果没有圣人，谁与道游？近来不少学佛者，由于不明白这个道理，因而在佛道门前犹豫不决，整天心存疑虑，得不到正确的引导。幸逢明君，高见判决，使大家豁然开悟，求佛道之人，得以了知涅槃胜义。真可谓佛法再现于中华，佛光映照于千载。

今写成的《涅槃无名论》，主要是为了演释涅槃无名之体，同时也是为了平息种种对涅槃的不正确看法。今把文章抄写如左，谨呈圣上。不当之处，祈盼赐正。僧肇谨言。

"泥曰、泥洹、涅槃"，这三个名称先后于不同的时间出现，其意思是一样的，只是译音有所不同而已。称"涅槃"者为正音。

6 九折十演者

九折十演^①者

开宗^②第一

　　无名曰：经称有余涅槃^③、无余涅槃者，秦言^④无为，亦名灭度。无为者，取乎虚无寂寞，妙绝于有为。灭度者，言其大患永灭，超度四流^⑤。斯盖是镜像之所归，绝称之幽宅也。而曰有余无余者，良是出处之异号，应物之假名耳。

　　余尝试言之：夫涅槃之为道也，寂寥虚旷，不可以形名得；微妙无相，不可以有心知。超群有^⑥以幽升，量太虚⑦而永久。随之弗得其踪，迎之罔眺其首，⑧六趣⑨不能摄其生，力负⑩无以化其体，潢漭⑪惚恍⑫，若存若亡。五目不睹其容，二听不闻其响，冥冥窅窅，谁见谁晓？弥纶靡所不在，而独曳于有无之表。

然则言之者失其真，知之者反其愚，有之者乖其性，无之者伤其躯。所以释迦掩室于摩竭⑬，净名⑭杜口于毗耶⑮，须菩提⑯唱无说以显道，释梵⑰绝听而雨华。斯皆理为神御，故口以之而默，岂曰无辩？辩所不能言也。

经⑱云：真解脱者离于言数，寂灭永安，无始无终，不晦不明，不寒不暑，湛若虚空，无名无说。论⑲曰：涅槃非有亦复非无，言语道断，心行处灭。寻夫经论之作，岂虚构哉？果有其所以不有，故不可得而有；有其所以不无，故不可得而无耳。

何者？本之有境，则五阴⑳永灭；推之无乡，而幽灵不竭。幽灵不竭，则抱一㉑湛然；五阴永灭，则万累都捐。万累都捐，故与道通洞；抱一湛然，故神而无功。神而无功，故至功常存；与道通洞，故冲㉒而不改。冲而不改，故不可为有；至功常存，故不可为无。

然则有无绝于内，称谓沦于外，视听之所不暨，四空㉓之所昏昧。恬焉而夷，怕焉而泰，九流于是乎交归，众圣于是乎冥会。斯乃希夷之境，太玄之乡，而欲以有无题榜，标其方域，而语其神道者，不亦邈哉！

注释

①**九折十演**：折，折辨、驳斥。下文中假托"有名"提出的问难曰"折"。演，流演，根据某种事理推广、发挥。下文中假托"无名"进行的理论发挥曰"演"。

②**开宗**：此为十演之一，标明全文宗旨。

③**有余涅槃**：作为生死之因的烦恼已经断绝，但作为前世惑业造成的果报身还留在世间，生死之果尚待尽者，称有余涅槃。"无余涅槃"与"有余涅槃"相对，指"生死"之因果都尽，不再受生于世间三界者。

④**秦言**：汉言。

⑤**四流**：一者见流，二者欲流，三者有流，四者痴（无明）流。众生为此四法漂流而不息，故名为流。

⑥**群有**：众生之果报名为有，佛教有"三有""九有""二十五有"等不同的说法。

⑦**量太虚**：量等太虚。

⑧**随之弗得其踪，迎之罔眺其首**：借用老子有关道的论述喻涅槃。《老子·十四章》："迎之不见其首，随之不见其后。"

⑨**六趣**：亦称"六道"，即天、人、阿修罗、畜生、饿鬼、地狱。

⑩**力负**：喻自然之化。参见《庄子·大宗师》："天藏舟于壑，藏山于泽，谓之固也，然而夜半有力者负之而走，昧者不知也。"

⑪**潢漭**：广大貌。

⑫**惚恍**：喻存往难定。《老子·二十一章》："道之为物，惟恍惟惚。"《老子·十四章》："无物之象，是谓惚恍。"

⑬**摩竭**：即摩竭陀，梵文 Magadha 的音译，中印度国名，王舍之所在，是释迦牟尼传教中心地之一。

⑭**净名**："维摩诘"的意译。

⑮**毗耶**：即毗耶离，梵文 Vaiśāli 的音译，中印度国名，维摩居士住此国。

⑯**须菩提**：释迦牟尼的十大弟子之一，以论证"诸法性空"著称，有"解空第一"之称。

⑰**释梵**：帝释与梵天的合称。帝释为佛教的护法神之一；梵天原为婆罗门教的创造之神，佛教产生后，也被吸收为护法神。据《般若经》中说，须菩提依幻化之喻广说甚深般若无说无听之理，帝释与梵天等化作天花散于佛及大众上。僧肇意云：须菩提说而无说，以显实相；诸天听而无听，为供深法故散花也。

⑱**经**：义引《涅槃经》《维摩经》等。

⑲**论**：义引《中论》《百论》等。

⑳**五阴**：阴，也作"蕴"，积聚，类别义。五阴即色阴、受阴、想阴、行阴、识阴，乃是佛教一切有为法的概括和分类。

㉑**抱一**：语本于《老子·二十二章》："圣人抱一为天下式。"一，指"道"。

㉒**冲**：虚、空虚。《老子·四十五章》："大盈若冲，其用不穷。"

㉓**四空**：即"四空定"（空无边处定、识无边处定、无所有处定、非想非非想处定），佛教认为，修习此禅定圆满者，死后生于相应的"四空天"。

开宗第一

译文

无名曰：佛经中所说的有余涅槃、无余涅槃，汉译为"无为"，也称"灭度"。译为无为者，取其虚无寂寞、妙绝于有为之意。译为灭度者，取其灭尽烦恼、度脱众生之意。从根本上说，涅槃是无形、无名称的。而佛经中所谓有余、无余云云，都是随顺世俗、应机接物的假名而已。

让我尝试着作如下论述：涅槃之为道，寂寥虚旷，无法从形名方面来求得它；微妙无相，起心动念也无法了解它。它超越世间的种种果报，无限广大，永恒长久。尾随在它后面，看不到它的踪影；迎面朝向它，也看不到它的头首。它超脱了六道轮回，达到了无生无灭。它有无莫测，来往难定。眼观不见其容貌，耳听不闻其声响，它深幽玄妙，谁能见到它？谁能知晓它？然而，它又包含一切，无所不在，独自超然于有无之外。

这样，对于无名无相的涅槃，如果强要去谈论它，便会丧失其真性；强要去认知它，反而会愚昧无知；把它视为有，会违背它虚寂的本性；把它说成是无，又会伤害它的存在。所以释迦牟尼在摩竭陀不说法，维摩居士在毗耶离不开口；须菩提说而无说以显佛法深义，诸天神听而无听散花以作供养。这都是由于他们与理相契，因而才默然不说。并不是他们对涅槃无所证知，而是所证知的不可言说。

佛经中说，真正的解脱离于名言法数，寂灭永安；没有开始，没有终结；既不昏暗，也不明亮；既不寒冷，也不暑热；湛然如虚空，没有名称，无可言说。《中论》等佛典中也说，涅槃既不是有，也不是无，言语无法诠释它，心识无法把握它。探究佛教经论的这些说法，哪里是空发的议论呢？事实上，涅槃确实既不是有，也不是无，所以既不可把它执着为有，也不可把它执着为无。

为什么这么说呢？因为探究一下宇宙万有的根本，它们都是五蕴和合的结果，并无实体，一切都可以归之于寂灭虚无；再推究一下寂灭虚无之境，幽深灵妙的佛道圣境恒久妙存。佛道圣境恒久妙存，故证理悟道而湛然常存；宇宙万有虚假不实，故抛尽烦恼而清净无为。抛尽烦恼而清净无为，所以就能与道为一；证理悟道而湛然常存，所以就能神妙无穷而无功。神妙无穷而无功，所以就能至功常存；与道为一，所以就能虚寂而不变。虚寂而不变，所以不可说是有；至功常存，所以不可说是无。这样，涅槃之为道，在外在表现上虽有有无之称，在内在本质上却绝非是有亦非是无，因而视听不可及，禅定不可证。它寂然恬静，淡泊泰然。于是，众生得以交归于此，众圣得以冥会于此。此乃无名无相之境，虚玄至极之乡。如欲以有或无来标明它，指出它的方所，又说它是神妙之道，岂不离得太远了吗？

原典

核体①**第二**

　　有名曰：夫名号不虚生，称谓不自起，经称有余涅槃无余涅槃者，盖是返本之真名，神道之妙称者也。请试陈之：

有余者，谓如来大觉始兴，法身初建；澡八解②之清流，憩七觉③之茂林，积万善于旷劫，荡无始之遗尘；三明④镜于内，神光照于外；结僧那⑤于始心，终大悲⑥以赴难，仰攀玄根，俯提弱丧；超迈三域⑦，独蹈大方；启八正⑧之平路，坦众庶之夷途；骋六通⑨之神骥，乘五衍⑩之安车。至能出生入死，与物推移；道无不洽，德无不施；穷化母之始物，极玄枢之妙用；廓虚宇于无疆，耀萨云⑪于幽烛；将绝朕于九止⑫，永沦太虚，而有余缘不尽，余迹不泯，业报犹魂，圣智尚存，此有余涅槃也。经云：陶冶尘滓，如炼真金，万累都尽而灵觉独存。

无余者，谓至人教缘都讫，灵照永灭，廓尔无朕，故曰无余。何则？夫大患莫若于有身⑬，故灭身以归无；劳勤莫先于有智⑭，故绝智以沦虚。然则智以形倦，形以智劳，轮转修途，疲而弗已。

经曰：智为杂毒，形为桎梏；渊默⑮以之而辽⑯，患难以之而起。所以至人灰身灭智，捐形绝虑；内无机照之勤，外息大患之本；超然与群有永分，浑尔与大虚同体；寂焉无闻，怕尔无兆；冥冥长往，莫知所之。其犹灯尽火灭，膏明俱竭，此无余涅槃也。经云：五阴永尽，譬如灯灭。

然则有余可以有称，无余可以无名。无名立，则宗虚者欣尚于冲默；有称生，则怀德者弥仰于圣功。斯乃典诰之所垂文，先圣之所轨辙，而曰有无绝于内，称谓沦于外，视听之所不暨，四空之所昏昧。使夫怀德者自绝，宗虚者靡托，无异杜耳目于胎壳，掩玄象⑰于霄外，而责宫商⑱之异，辨玄素⑲之殊者也。子徒知远推至人于有无之表，高韵绝唱于形名之外，而论旨竟莫知所归。幽途故自蕴而未显，静思幽寻，寄怀无所，岂所谓朗大明于冥室，奏玄响于无闻者哉？

注释

①**核体**：此为九折之一。核，核实，考事得实曰核。核体，假二乘有无之间，考核涅槃非有非无之体。

②**八解**：即"八解脱"，亦称"八背舍"，佛教禅定的一种。意谓通过修习八种禅定而舍弃对色和无色的贪欲。

③**七觉**：即"七觉支"，亦称"七觉分"或"七等觉支"，"三十七道品"之一类。觉有觉察、觉了之义；觉法分为七，故称"七觉"。此法为使定慧均等之法，故名"等觉"。"七觉支"是达到佛教觉悟的七种次第或组成部分。

④**三明**：梵文 Trividyā 的意译，指佛和阿罗汉所拥有的三种神通，它们是：宿命明、天眼明、漏尽明。

⑤**僧那**：梵文音译"僧那僧涅"之略称，意译作"弘誓"。

⑥**大悲**：佛教称救苦救难之心谓之悲，佛与菩萨之悲心广大，故曰大悲。

⑦**三域**：指三界，即欲界、色界和无色界，是佛教所说的众生存在的三种境界，皆处在生死轮回的过程中。

⑧**八正**：指八正道，即正见、正思惟、正语、正业、正命、正精进、正念、正定，是佛教所说的八种通向涅槃解脱的正确途径或方法。

⑨**六通**：佛教所说的佛具有的六种神通，即神足通、天眼通、天耳通、他心通、宿命通、漏尽通。

⑩**五衍**：即五乘，指人乘、天乘、声闻乘、缘觉乘、菩萨乘，是佛教所说的五种修行道路。

⑪**萨云**：梵文 Sarvajñā 音译"萨云若"之略称，亦译作"萨婆若""萨云然"等，意译一般作"一切智"。

⑫**九止**：指九地，即以欲界为一地，色界和无色界各分为四地。

⑬**大患莫若于有身**：语本于老子。《老子·十三章》："吾所以有大患者，为吾有身，及吾无身，吾有何患？"

⑭**有智**：这里的智指世俗的智虑。

⑮**渊默**：喻无余涅槃。

⑯**辽**：遥远。

⑰**玄象**：天象。日月星辰，在天成象，故称。

⑱**宫商**：古时五音叫宫、商、角、徵、羽。

⑲**玄素**：玄为黑，素为白。

核体第二

译文

有名曰：名号不会虚生，称谓不会自起。佛经中说的有余涅槃、无余涅槃，都是返本之真名，神道之妙称。请允许我试作如下陈述：

所谓"有余涅槃"，是说如来的大觉始兴，如来的法身初建；清除一切烦恼，憩息于解脱之境；积万世之善德，除无始之无明；神智鉴照于内，神光玄照于外；始则誓度一切众生，终则慈悲救苦救难；仰上证悟正理，俯下拯世济俗；超越生死，独践大道；开通种种趋于解脱的途径，坦平种种歪门邪道；具有化物应机的各种神通，通过种种正行而达到那解脱之圣境。以至于能出生入死，与物推移；处处合道，广施恩德；穷尽因缘生物之理，极尽妙道变化之用；虚宇无处不寂，智光无幽不照；将要绝形迹于三界，永入寂灭虚无（无余涅槃），然而尚有余缘未尽，余迹未泯，业报之果犹在，圣智尚存，这就是"有余涅槃"。所以佛经中说：去除烦恼，犹如冶炼真金；矿秽去而真金现，烦恼尽而灵觉存。

所谓"无余涅槃"，是说至人因果皆尽，灵照亦灭，寂然无任何形迹，所以称之为"无余"涅槃。为什么呢？因为大患莫过于有身，所以灭身以归无；一切有为都是先有智虑，所以绝智以沦虚。否则，智为形累，疲倦不堪；形为智制，日夜劳作；智形相役，转于生死之长途，虽疲而不止。

佛经中说：智虑毒害人，形体束缚人，无余涅槃因之而遥远，病患灾难因之而生起。所以至人捐其形患，绝其思虑，身智俱灭，无累无患；超然于有无生灭之外，浑然与太虚大道同体；寂然无声，泊然无形；冥然而往，莫知何去。其犹如灯尽火灭，灯油与光亮俱竭；身形与智虑的彻底断灭，这就是"无余涅槃"。所以佛经中说：五蕴永尽，譬如灯灭。

既然如此，那么有余涅槃可以有称，无余涅槃可以无名。无名成立，则宗奉虚无者欣喜地更加崇尚寂灭无余；有称生起，心怀仁德者更加仰慕圣功德行。这是佛典中的明示，先圣所立的轨辙，而您却偏说"在外在表现上虽有有无之称，在内在本质上却绝非是有亦非是无，因而视听不可及，禅定不可证"。从而使心怀仁德者自我绝灭，使宗奉虚无者无所依托。此无异于闭目塞听于胎壳，掩蔽天象于霄汉，却要来辨五音之异、黑白之殊。您只知把至人远推到有无之外，唱高调绝灭一切名相，所论之宗旨却莫知所归。幽深的途径自己蕴藏起来，静静地寻思，无所寄怀，这哪里是佛光普照于世界，佛音遍闻于众生？

原典

位体①第三

无名曰：有余无余者，盖是涅槃之外称，应物之假名耳。而存称谓者封名，志器象者耽形。名也，极于题目；形也，尽于方圆。方圆有所不写，题目有所不传，焉可以名于无名，而形于无形者哉？

难序云：有余无余者，信②是权③寂④致教⑤之本意，亦是如来隐显之诚迹也。但未是玄寂绝言之幽致，又非至人环中⑥之妙术耳。子独不闻正观之说欤？

《维摩诘》言：我观如来无始无终，六入⑦已过⑧，三界已出。不在方，不离方；非有为，非无为；不可以识识，不可以智知；无言无说，心行处灭。以此观者，乃名正观；以他观者，非见佛也。

《放光》云：佛如虚空，无去无来，应缘而现，无有方所。然则圣人之在天下也，寂寞虚无，无执无竞，导而弗先，感而后应。譬犹幽谷之响，明镜之像，对之弗知其所以来，随之罔识其所以往。恍焉而有，惚焉而亡，动而逾寂，隐而弥彰，出幽入冥，变化无常。其为称也，因应而作，显迹为生，息迹为灭。生名有余，灭名无余。然则有无之称，本乎无名，无名之道，于何不名？

是以至人居方而方，止圆而圆，在天而天，处人而人。⑨原夫能天能人者，岂天人之所能哉？果以非天非人，故能天能人耳。其为治也，故应而不为，因而不施。因而不施，故施莫之广；应而不为，故为莫之大。为莫之大，故乃返于小成；施莫之广，故乃归乎无名。

经⑩曰：菩提之道，不可图度⑪，高而无上，广不可极；渊而无下，深不可测。大包天地，细入无间，故谓之道。然则涅槃之道，不可以有无得之，明矣。而惑者睹神变，因谓之有；见灭度，便谓之无。有无之境，妄想之域，岂足以标榜玄道而语圣心者乎？

意谓至人寂怕无兆，隐显同源，存不为有，亡不为无。何则？佛言⑫：吾无生不生，虽生不生；无形不形，虽形不形。以知存不为有。经云：菩萨入无尽三昧⑬，尽见过去灭度诸佛。又云：入于涅槃而不般涅槃，以知亡不为无。亡不为无，虽无而有；存不为有，虽有而无。虽有而无，故所谓非有；虽无而有，故所谓非无。然则涅槃之道，果出有无之域，绝言象之径，断矣！

子乃云：圣人患于有身，故灭身以归无；劳勤莫先于有智，故绝智以沦虚。无乃乖乎神极⑭，伤于玄旨⑮者也。经曰：法身无象，应物而形；般若无知，对缘而照。万机顿赴而不挠其神，千难殊对而不干其虑。动若行云，止犹谷神⑯，岂有心于彼此，情系于动静者乎？既无心于动静，亦无象于去来，去来不以象，故无器而不形；动静不以心，故无感而不应。然则心生于有心，象出于有象。象非我出，故金石流而不焦⑰；心非我生，故日用而不动。纭纭自彼，于我何为？

所以智周万物⑱而不劳，形充八极而无患。益不可盈，损不可亏。宁复疴疠中逵，寿极双树，灵竭天棺，体尽焚燎者哉？⑲而惑者居见闻之境，寻殊应之迹，秉执规矩而拟大方，欲以智劳至人，形患大圣。谓舍有入无，因以名之，岂谓采微言于听表，拔玄根于虚壤者哉？

注释

①**位体**：此为十演之二。位，使安于其所；位体，针对上文"有名"之核体，假借"无名"以安立非有非无的涅槃之体。

②**信**：确实。

③**权**：权宜，方便。

④**寂**：寂虚，无名。

⑤**致教**：立教。

⑥**环中**：空虚，喻超脱具体物象和是非之境。语本于庄子。《庄子·齐物论》："彼是莫得其偶，谓之道枢。枢始得其环中，以应无穷。"郭象注曰："夫是非反复，相寻无穷，故谓之环。环中，空矣。今以是非为环，而得其中者，无是无非也。"

⑦**六入**：指眼耳鼻舌身意之六根，也称内之六入。另外，色声香味触法等六境，也称外之六入。两者合称"十二入"，因根与境相涉而入，故名"入"。新译作"十二处"，因根与境为产生心和心所之处，故名"处"。

⑧**已过**：《肇论新疏》云："已过者，无漏净色不入尘故。"

⑨**在天而天，处人而人**：此处之天人，均为佛教所说的五趣、六道或十界之一，有双层含义。其一指轮转于天界和人界的众生，其二指这些众生生存的环境。

⑩**经**：指《佛说太子瑞应本起经》，二卷，吴支谦译。

⑪**图度**：思虑。

⑫**佛言**：此处之"佛言"及下文中的"经云"，均为义引佛典。

⑬**无尽三昧**：无尽，指无为法，因无为法离生灭之相，故为无尽。《维摩经·菩萨行品》曰："何谓无尽？谓无为法。"僧肇注曰："有为法有三相，故有尽。无为法无三相，故无尽。"三昧，梵文 Samādhi 的音译，意译为"定"。无尽三昧，知无尽法（即无为法）之禅定。据《大智度论》卷四十七云："无尽三昧者，得此三昧，灭诸无常等相，即入不生不灭。"

⑭**神极**：神妙至理。

⑮**玄旨**：幽玄经旨。

⑯**谷神**：语本于老子，喻虚玄之道。《老子·第六章》："谷神不死，是谓玄牝。玄牝之门，是谓天地根。"

⑰**金石流而不焦**：引庄子语为喻。《庄子·逍遥游》："之人也，物莫之伤，大浸稽天而不溺，大旱金石流、土山焦而不热。"

⑱**智周万物**：借用《周易》语。《易·系辞上》："知周乎万物而道济天下。"

⑲**病疠中逵等句**：指《阿含经》等记载的小乘佛教的说法，释迦牟尼八十岁那年，在去末罗国的拘尸那加城的途中不幸身染恶疾，逝世于拘尸那加城外的娑罗双树林中。遗体被火化。逵，四通八达的道路。中逵，中途。

位体第三

译文

　　无名曰：所谓有余涅槃、无余涅槃，都是涅槃外在的称号，应会外物的假名。而存称谓者，就会受封于名；着器象者，就会沉迷于形。名，涵括一切名称；形，穷尽一切方圆。方圆有所不能概括，名称有所不能表达。无名之体，岂可以名名之？无形之体，岂可以形形之？

　　问难中所说的有余涅槃、无余涅槃，确实都是如来显示寂静之体，方便教化众生的本意，也是如来隐显的两种实迹。但并不是无相无名的涅槃之极致，也不是至人超于物象和是非之外的妙道。您难道没有听说过佛经中关于正观的说法吗？

　　《维摩经》中说：我观如来无始无终，超越了生死，脱离了三界。不在方所，不离方所；既非有为，也非无为；不可以识去识别它，不可以智去觉知它；无言无说，心智绝灭。以此观者，是名正观；以他观者，非见佛也。

　　《放光般若经》中说：佛犹如虚空，既无去，亦无来，应会机缘而出现，但它无有方所。这样，圣人之在天下，寂寞虚无，无执无竞，引导而不在先，有感而然后应。犹如深谷的回响，明镜中的映像，面对着它却并不知其所以来，随之在后却并不识其所以往。恍恍然似乎是有，惚惚然似乎又没有了。动而逾静，隐而弥彰，出入幽冥，变化无常。它的名称，随机应化而有，显迹为生，息迹为灭。生则名为有余，灭则名为无余。这样，有和无的名称，都本于无名，无名之道，于何名而不名？

因此，至人居于方则方，住于圆则圆，在天则为天，在人则为人。推本寻源，既能为天又能为人者，岂是天或人所能为？实在是因为既非天又非人，所以才既能为天又能为人。其治物化人，应会而无所作为，随顺而无所施予。随顺而无所施予，所以才无所不施，没有比它的施予更广的了；应会而无所作为，所以才无所不为，没有比它的作为更大的了。作为最大，所以乃返于小成；施予最广，所以乃归于无名。

佛经中说：菩提之道，不可思虑。至高无上，广大而无极致；至深无下，幽深而不可测度。大可包天地，小可入无间，所以称之为道。这样，涅槃之道不可从有或无而得之，就是很清楚的了。然而，愚惑的人看到神变，即谓之有；看到灭度，又说它是无。有和无的境界，虚妄存想的领域，岂足以说明玄道而谈论圣心呢？我想，至人寂然而无任何形状，隐和显同出于一源，存而不为有，亡而不为无。为什么呢？佛陀说过：我无生不生，虽生不生；无形不形，虽形不形。据此可知，存而不为有。佛经中说：菩萨入无尽三昧，尽见过去灭度诸佛。又说：入于涅槃而不涅槃。据此可知，亡而不为无。亡而不为无，所以虽无而有；存而不为有，所以虽有而无。虽有而无，所以说非有；虽无而有，所以说非无。这样，则涅槃之道，确实为超越有无、断绝言象，就是可以肯定的了。

您认为圣人患于有身，所以灭身以归无，一切有为都是先有智虑，所以绝智以沦虚。岂不是有违于神妙至理，有伤于幽玄经旨？佛经中说：法身无象，应物而现形象；般若无知，对缘而起观照。万机顿赴而不能挠其神，千难殊对而不能乱其虑。其动如行云，其止如谷神，哪里是有心于彼此，情系于动静的呢？既无心于彼此，也无象于来去，来去而不以象，所以无器而不形；动静而不以心，所以无感而不应。这样，心生于有心，象出于有象。象并非是从我而出，所以金石虽流而我不焦；心并非是由我而生，所以日有所用而我不动。纷纷纭纭皆来自于彼，与我有什么相干呢？

所以圣智周遍万物而不劳，圣形充满八方而无患。增益而不能使它更充满，减损而不能使它有所亏少。哪里像有些人所认为的那样，说佛陀中途染疾，寿尽于双树林，遗体又被火化？然而，愚惑之人却以见闻觉知来追寻无名无相之妙迹，以方圆规矩来拟量无形之大方，想要以智有劳于至人，以形有患于圣人。说"舍有而入无"，只是一种方便说法，哪里是说要于言象之外去寻微言，要于虚寂之中去求大道呢？

原典

征出①第四

有名曰：夫浑元剖判，万有参分。②有既有矣，不得不无；无自不无，必因于有。所以高下相倾，有无相生，③此乃自然之数，数极于是。以此而观，化母所育，理无幽显，恢诡谲怪④，无非有也。有化而无，无非无也。然则有无之境，理无不统。经云：有无二法，摄一切法。又称三无为⑤者，虚空、数缘尽、非数缘尽。数缘尽者，即涅槃也。

而论云有无之表，别有妙道妙于有无，谓之涅槃。请核妙道之本。果若有也，虽妙非无。虽妙非无，即入有境。果若无也，无即无差。无而无差，即入无境。总而括之，即而究之，无有异有而非无，无有异无而非有者，明矣。而曰有无之外别有妙道，非有非无，谓之涅槃。吾闻其语⑥，未即于心也。

注释

①**征出**：此为九折之二。征，征求，追究。出，涅槃之道出于有无之境。征出，意为有无二法摄尽一切，如何于有无之外别有涅槃之体？

②**浑元剖判，万有参分**：引世典中元气化生的宇宙生成说，以说明从无至有的有无关系。浑元，天地未分时的元气混沌状态。剖判，指开天辟地。三国徐整的《三五历纪》记载了我国神话中盘古剖判浑元、开天辟地的传说。

③**高下相倾，有无相生**：引老子语说明有与无相因而起的关系。《老子·第二章》："有无相生，难易相成，长短相形，高下相倾。"

④**恢诡谲怪**：恢，大；诡，奇，变诈；谲，欺诈；怪，奇异。恢诡谲怪，指离奇神异。语本于《庄子》。《庄子·齐物论》："恢诡谲怪，道通为一。"

⑤**三无为**：小乘佛教对无为法的分类，一般作"虚空无为""择灭无为"和"非择灭无为"。无为法指非因缘和合形成、无生灭变化之法。

"虚空无为"谓无边无际，永不变易，无任何质碍而容纳一切色法的空隙、空间。

"择灭无为"指通过智慧的简择（判断、选择）力而达到的寂灭，此寂灭之体即为涅槃，旧译作"数灭无为""数缘尽"。

"非择灭无为"指非由智慧的简择力而显示的寂灭。诸法本由因缘和合从未来位转到现在位，刹那间又转到过去位，倘若缺少"生缘"，该法将永远留在未来位不动，此谓"缺缘不生"，不生则无灭，故名"非择灭无为"，旧译作"非数灭无为""非数缘尽"。

⑥**吾闻其语**：套用孔子语。《论语·季氏》："孔子曰：……吾闻其语矣，未见其人也。"

征出第四

译文

有名曰：开天辟地，万物化生。从无而生成了有，有了"有"也就必然有"无"，无并不能自己成为无，必须相对于"有"才有所谓的"无"。所以高和下相依而有，有和无相待而生，这是自然的定数，定数之根本即在于此。以此而观，开天辟地所化育的东西，其理并无幽显之分。无论怎样离奇神异，总不外乎是有；有化而为无，总不外乎是无。这样，有无之境，理无不统。

佛经中说：有无二法，统摄一切法。又说有三种无为，即虚空无为、择灭无为和非择灭无为。择灭无为即是涅槃。

然而，您论中说，在有无之外另有妙道，妙于有无，称之为涅槃。让我们来核实一下妙道之本。如果它确实存在，那么它虽然玄妙，但并不是无；玄妙而并不是无，那么就入了"有"境。如果它实际上并不存在，不存在便无差别；不存在而无差别，那么就入了"无"境。总括言之，推究妙道之本，若不是有，那就是无，不可能既不是有，也不是无；若不是无，那就是有，不可能既不是无，也不是有。这是十分清楚明白的。而您说在有无之外别有妙道，既不是有，也不是无，这就是涅槃。我听到了这样的说法，但心里却无法明白其道理。

原典

超境①第五

无名曰：有无之数，诚以法无不该，理无不统。然其所统，俗谛而已。经②曰：真谛何耶？涅槃道是。俗谛何耶？有无法是。何则？有者有于无，无者无于有。有无所以称有，无有所以称无。然则有生于无，无生于有，离有无无，离无无有。有无相生，其犹高下相倾，有高必有下，有下必有高矣。然则有无虽殊，俱未免于有也。此乃言象之所以形，是非之所以生，岂是以统夫幽极，拟夫神道者乎？

是以论称出有无者，良以有无之数，止乎六境之内，六境之内，非涅槃之宅，故借出以祛之。庶恡道之流，彷佛③幽途，托情绝域，得意忘言，体其非有非无，岂曰有无之外，别有一有而可称哉？

经曰：三无为者，盖是群生纷绕，生乎笃患。笃患之尤，莫先于有④；绝有之称，莫先于无。故借无以明其非有，明其非有，非谓无也。

注释

①超境：此为十演之三。超境，意谓超越有无二法俗谛之境。

②经：义引《般若经》等。《摩诃般若波罗蜜经》卷二十二《道树品》："佛言：菩萨摩诃萨以世谛故，示众生若有若无，非以第一义（谛）。"

③彷佛：同"仿佛"，好像，看不清。

④有："有"在佛教中有多种涵义，这里主要是生死相续之义。僧肇的意思是说，经中所言三无为者，令众生息三有为之患而已，非是于有为之外另立"无为"。涅

槃之无，非世俗有无之无，故非有无之法可摄。

超境第五

译文

无名曰：有和无，确实可以包涵万法，统贯万理。然其所统括的只是俗谛而已。佛经中说：真谛是什么？真谛就是涅槃之道。俗谛是什么？因缘和合、有生灭变化的"有为法"就是俗谛。为什么呢？因为有是相对于无而存在的，无也是相对于有而存在的。相对于无，所以才称之为有；没有了"有"，所以才称之为无。这样，有生于无，无生于有；离开了有就没有"无"，离开了无也就没有"有"。有和无相生，犹如高和下相互依存。有高必有下，有下也就必有高。这样，有和无虽然不同，但都免不了是一种"有"。这也就是言象之所以形成、是非之所以产生的原因，岂足以统其幽极、拟其神妙之道？

因此，论中说超越有和无，实在是因为有和无只是止于缘生的色、声、香、味、触、法这"六境"，而六境之内，并非涅槃之居宅，所以假借"超越"而排遣之。涅槃之道，无言无相，拟玄于幽途，托情于域外，这都是一种譬喻的说法，应该得意而忘言，体悟其非有非无的本质，哪里是说在有和无之外别有一个涅槃存在着呢？

佛经中说"三无为"，乃是因为众生生死相续，皆在于烦恼不断，而烦恼之甚，莫过于执着"有"，破"有"之称，则莫过于"无"。因此，借助于"无"来说明非"有"，而说明非"有"并不是说有"无"。

原典

搜玄①第六

有名曰：论旨云：涅槃既不出有无，又不在有无。不在有无，则不可于有无得之矣；不出有无，则不可离有无求之矣。求之无所，便应都无，然复不无其道。其道不无，则幽途可寻，所以千圣同辙，未尝虚返者也。其道既存，而曰不出不在，必有异旨，可得闻乎？

注释

①**搜玄**：此为九折之三。搜玄，意谓进一步搜寻涅槃不出有无、又不在有无之玄旨。

搜玄第六

有名曰：您的意思是说，涅槃既不出有和无，又不在有和无。不在有和无，那么就不可于有和无得到它；不出有和无，那么又不可离有和无去求之。有无之内和有无之外都不可求，那么就应该是一切都不存在，但偏偏又说涅槃之道并非不存在，既然涅槃之道并非不存在，那么幽途就是可寻求的，所以千圣同辙，未尝有虚返者。涅槃之道既然存在，却又说不出有无、不在有无，这一定是另有异旨，可以说给我听听吗？

原典

妙存①第七

无名曰：夫言由名起，名以相生，相因可相②，无相无名，无名无说，无说无闻。经曰：涅槃非法非非法，无闻无说，非心所知。吾何敢言之，而子欲闻之耶？虽然，善吉有言：众人若能以无心而受，无听而听者，吾当以无言言之。庶述其言，亦可以言。

净名曰：不离烦恼，而得涅槃。天女曰③：不出魔界，而入佛界。然则玄道在于妙悟，妙悟在于即真④。即真则有无齐观，齐观则彼己莫二。所以天地与我同根，万物与我一体。⑤同我则非复有无，异我则乖于会通，所以不出不在而道存乎其间矣。

何则？夫至人虚心冥照，理无不统。怀六合于胸中而灵鉴有余，镜万有于方寸而其神常虚。至能拔⑥玄根⑦于未始，即群动以静心，恬淡渊默，妙契自然。所以处有不有，居无不无。居无不无，故不无于无；处有不有，故不有于有。故能不出有无，而不在有无者也。

然则法无有无之相，圣无有无之知。圣无有无之知，则无心于内；法无有无之相，则无数于外。于外无数，于内无心，彼此寂灭，物我冥一，怕尔无朕，乃曰涅槃。涅槃若此，图度⑧绝矣，岂容可责之于有无之内，又可征之有无之外耶？

注释

①**妙存**：此为十演之四。妙存，论述涅槃不出不在而体非断绝之妙存。

②**可相**：意谓相由心起，心于相上印可分别，故言可相。僧肇在注《维摩经·佛国品》时曾说："万事万

形，皆由心成。"

③**天女曰**：指《宝女所问经》卷四中宝女偈答舍利弗所云。《宝女所问经》四卷，西晋竺法护译。

④**即真**：即妄而真，亦即不离烦恼而得涅槃之意。

⑤**天地与我同根，万物与我一体**：语本于《庄子》。《庄子·齐物论》："天地与我并生，而万物与我为一。"但僧肇所表达的意思与庄子是不一样的。庄子强调的是物无彼此的"齐物论"，僧肇发挥的则是"齐万有一虚""智法俱同一空"的"性空论"。

⑥**拔**：超悟。

⑦**玄根**：玄妙之根性。

⑧**图度**：思虑。

妙存第七

译文

无名曰：言由名而起，名因相而生，相由心而成。无相则无名，无名即无说，无说也就无闻了。佛经中说：涅槃不是法，也不是"不是法"，它无闻无说，非心智所能知。我哪敢说什么给您听呢？但尽管如此，须菩提曾经说过：大家如果能以无心而领受，以无听而听之，那么我也就以无言来言之吧。这样，想要说说，也就可以说说了。

《维摩经》中说：不离烦恼，而得涅槃。《宝女所问经》中说：不出魔界，而入佛界。既然这样，那么玄道即在于妙悟，妙悟即在于不离妄而得真；不离妄而得真，则有和无齐观；有和无齐观，则彼和己不二。所以天地与我同根，而万物与我一体。同则心境理事冥然而不复有有无；异则未能会通其同而理事相违，所以不出有无、不在有无而涅槃之道存乎其间。

为什么呢？因为至人虚其心，冥其照，无理不统。胸怀天地四方而不失灵明鉴照，镜照宇宙万有而其神常虚。以至能超悟玄妙根性于未始，不离千变万化而静其心，恬淡渊默，妙契自然。所以至人处有而不有，居无而不无。居无而不无，所以不无于无；处有而不有，所以不有于有。因而至人能不出有无，而又不在有无。

这样，万法并没有有无之相，圣人也没有有无之知。圣人没有有无之知，则无心于内；万法没有有无之相，则无相于外。于外无相，于内无心，彼此寂灭，物我冥然为一，寂然无任何形迹，这才叫做涅槃。这样的涅槃，与思虑是完全断绝的，哪里容得人们于有无之内去追寻，或于有无之外去求取呢？

原典

难差①**第八**

有名曰：涅槃既绝图度之域，则超六境之外。不出不在而玄道独存，斯则穷理尽性②，究竟之道，妙一无差，理其然矣。而《放光》云：三乘之道，皆因无为而有差别。

佛言：我昔为菩萨时，名曰儒童③，于然灯佛所，已入涅槃。儒童菩萨时于七住④，初获无生忍⑤，进修三位。若涅槃一也，则不应有三。如其有三，则非究竟。究竟之道，而有升降之殊，众经异说，何以取中耶？

注释

①**难差**：此为九折之四。难，驳难。差，三乘修证之差别。

②**穷理尽性**：语出于《周易》。《易·说卦》："穷理尽性，以至于命。"疏曰："穷极万物深妙之理，究尽生灵所禀之性。"

③**儒童**：乃释迦牟尼佛往昔为菩萨供养燃灯佛时的名字。燃灯佛，梵文 Dipaṃkara 的意译。《大智度论》卷九谓其出生时身边一切光明如灯。《瑞应本起经》卷上

说，燃灯佛时，释迦菩萨名儒童，曾买五茎莲花供奉该佛，故被授记（预言）九十一劫后之"此贤劫"（现在之劫）时当成佛。

④**七住**：佛教"十住"之一。"十住"亦称"十地"，梵文Daśabhūmi的意译，指佛教修行过程的十个阶位。一般有两种说法，一为"三乘十地"，也称"共地"，谓声闻、缘觉和菩萨共修的阶位；二为大乘菩萨十地，是菩萨修行的十个阶位。

⑤**无生忍**：亦称"无生法忍"或"无生忍法"。"忍"指对于真理的认可，即"智"的别称，"无生"指佛教关于无生无灭的理论。"无生忍"是大乘菩萨于佛教修习的一定阶段对"无生"这一"实相真如"所获得的认识。

难差第八

【译文】

有名曰：涅槃既然绝于思虑之域，那么它也就超于六境之外。不出有无、不在有无而玄妙之道独存，此乃穷理尽性，根本大道就其理而言应该是妙然为一，无有差别的。但《放光般若经》中却说：三乘之道，皆因无为而有差别。

佛陀也曾说过：我过去是菩萨的时候，名字叫儒童，在燃灯佛那里就已经入了涅槃。儒童菩萨当时是在菩萨十个阶位的第七个阶位，刚开始获得对"无生"这一真理的认识，以后还继续进修了三个阶位。如果涅槃是一，就不应该有三。如果有三，就不是根本大道。涅槃之道为根本大道，却又有阶位高下之殊。佛经中的这些不同说法，叫人如何去理解正道呢？

原典

辨差①第九

无名曰：然究竟之道，理无差也。《法华经》②云：第一大道，无有两正。吾以方便，为怠慢者于一乘道，分别说三，三车出火宅，即其事也。以俱出生死，故同称无为；所乘不一，故有三名。统其会归，一而已矣。

而难云：三乘之道皆因无为而有差别，此以人三，三于无为，非无为有三也。故《放光》云：涅槃有差别耶？答曰：无差别。但如来结习③都尽，声闻结习不尽耳。

请以近喻，以况远旨。如人斩木，去尺无尺，去寸无寸，修短在于尺寸，不在无也。夫以群生万端，识根不一，智鉴有浅深，德行有厚薄，所以俱之彼岸而升降不同，彼岸岂异？异自我耳。然则众经殊辩，其致不乖。

注释

①**辨差**：此为十演之五。辨，分辨。

②**《法华经》**：此即《妙法莲华经·方便品》："如来但以一佛乘故为众生说法，无有余乘，若二，若三。……诸佛以方便力，于一佛乘分别说三。"《妙法莲华经·譬喻品》："舍利弗！如彼长者，初以三车，诱引诸子，然后但与大车。……如来亦复如是，初说三乘，引导众生，然后但以大乘而度脱之。"

③**结习**：结，结聚、系缚，"烦恼"之异名。谓众生为烦恼因而结集生死，为众苦系缚，流转三界而不得解脱，故云结也。习，指由烦恼相续在心中形成的余习，又称"习气"，即烦恼之余气也。佛教认为，三乘中声闻全不断之，缘觉稍侵害之，佛则全断之。

辨差第九

译文

无名曰：根本大道，确实是理无差别。《法华经》中说：第一大道，无有两正；我以方便说法，而为怠懈者把一乘道分别说为三。犹如为救人出火宅，随人所好，说有三种车，其实只有一大车。由于都超越了生死，所以同称为"无为"；由于超越生死的途径不同，所以有"三乘"之名。统归会通，只有一乘而已。

问难中所说的"三乘之道皆因无为而有差别"，这是说人有三种，三种人入于无为，并不是说无为有三。因此，《放光般若经》中说：涅槃有差别吗？答曰：无差别。只是如来断灭了一切烦恼习气，而声闻乘未能断灭。

请允许我就近打个譬喻，以说明佛经中深远的意旨。比如有人斩木，去尺无尺，去寸无寸，长短在于尺寸，不在于无。三乘之人断惑也是如此。芸芸众生，心识不一，根机万殊，智鉴有深浅，德行有厚薄，所以全都到彼岸去而有高下之差异。彼岸哪有什么差异呢？差异不在彼岸而在人。如此，则各种佛经说法不一，其根本道理并不相违背。

原典

责异①第十

有名曰：俱出火宅，则无患一也；同出生死，则无为一也。而云彼岸无异，异自我耳。彼岸则无为岸也，我则体无为者也。请问我与无为，为一为异？

若我即无为，无为亦即我，不得言无为无异，异自我也。若我异无为，我则非无为，无为自无为，我自常有为，冥会之致，又滞而不通。然则我与无为，一亦无三，异亦无三。三乘之名，何由而生也？

注释

①**责异**：此为九折之五。责，询问、诘问。异，即"彼岸无异，异自我耳"之异。

责异第十

译文

有名曰：都出离火宅，那么"无患"是一样的；同超出生死，那么"无为"也是一样的。然而您却说彼岸没有差异，差异在人。彼岸就是无为岸，人就是体证无为者。请问，体证无为者与无为，是一还是异？

如果体证无为者就是无为，无为也就是体证无为者，那么就不可以说无为没有差异，差异在人。如果体证无为者与无为相异，体证无为者不是无为，无为自己无为，而体证无为者自己却常有为，那么所谓体证无为、冥会于无为之理的说法就又说不通了。这样，体证无为者与无为如果是一，则没有三乘；如果不是一，也没有三乘。既然如此，那么三乘之名又是由何而产生的呢？

原典

会异①第十一

无名曰：夫止此②而此，适彼③而彼。所以同于得者，得亦得之；④同于失者，失亦失之。⑤我适无为，我即无为。无为虽一，何乖不一耶？譬犹三鸟出网，同适无患之域，无患虽同而鸟鸟各异。不可以鸟鸟各异，谓无患亦异，又不可以无患既一，而一于众鸟也。然则鸟即无患，无患即鸟，无患岂异，异自鸟耳。

如是三乘众生，俱越妄想之樊，同适无为之境，无为虽同而乘乘各异。不可以乘乘各异，谓无为亦异。又不可以无为既一，而一于三乘也。然则我即无为，无为即我，无为岂异，异自我耳。

所以无患虽同，而升虚⑥有远近；无为虽一，而幽鉴⑦有浅深。无为即乘也，乘即无为也，此非我异无为，以未尽无为，故有三耳。

①**会异**：此为十演之六。会，会通。

②**此**：此岸。

③**彼**：彼岸。

④**同于得者，得亦得之**：能证之人同于所得之理时，所得之理亦同于能证之人。得，证得。

⑤**同于失者，失亦失之**：能证之人未证得所证之理，所证之理亦与能证之人相异。失，未证得，能所不相得。

⑥**升虚**：趋向于涅槃。

⑦**幽鉴**：指三乘之智。

会异第十一

译文

无名曰：止于此岸则同于生死，到达彼岸则同于无为。所以能证之人同于所得之理时，所得之理亦同于能证之人。能证之人未证得所证之理，所证之理亦与能证之人相异。达到了无为，达到无为者就是无为。无为虽一，证得无为者为什么又不一了呢？举个例子来说明。

譬如网中三鸟逃离出网，同至无患之域；无患虽同，而鸟与鸟各异。不可以因为鸟与鸟各异，就说无患也有异；也不可以因为无患相同，就说鸟与鸟也相同。这样，鸟就是无患，无患说的也就是鸟；无患哪有什么差异呢？差异在鸟而已。

同样，三乘众生，俱超越妄想的尘世牢笼，同到那解脱的无为之境，无为虽同，乘乘各异。不可以因为乘乘各异，而说无为也有异；也不可以因为无为是一，而把三乘也说成是一。这样，体证无为者就是无为，无为就是体证无为者，无为哪有什么差异呢？差异在人而已。

所以无患虽同，趋向于无患则可以有远近之异；无为虽同，体证无为的三乘之智则可以有浅深之异。无为就是三乘，三乘就是无为。并不是三乘与无为有异，而是三乘未能完全证得无为，故有三乘之名。

原典

诘渐①第十二

有名曰：万累滋彰，本于妄想，妄想既祛，则万累都息。二乘得尽智②，菩萨得无生智③。是时，妄想都尽，结缚永除。结缚既除，则心无为，心既无为，理无余翳。经曰④：是诸圣智不相违背，不出不在，其实俱空。又曰：无为大道，平等不二。既曰无二，则不容心异。不体则已，体应穷微，而曰体而未尽，是所未悟也。

注释

①**诘渐**：此为九折之六。诘，诘难。渐，即上文所云"未尽无为，故有三耳"所表达的渐得无为义。

②**尽智**：小乘所说十智之第九智，指断尽烦恼时所生之自信智。

③**无生智**：大乘菩萨证无生之理之智。

④所引"经曰"及"又曰"，即义引《放光般若经》和《摩诃般若波罗蜜经》等。

诘渐第十二

译文

有名曰：万般烦恼，皆本于无明妄想。妄想既除，烦恼亦息。二乘得"尽智"，菩萨得"无生智"，这时候，妄想都尽，烦恼永除。烦恼既除，心便无为，理即彰明。佛经中说：诸圣之智，不相违背；不出不在，其实俱空。又说：无为大道，平等不二。既然说大道不二，则体悟大道之心亦不容有异。要么未体悟大道，一旦体悟大道，就应该穷尽幽理；如果说体而未尽，那只能说是尚未有悟。

原典

明渐①第十三

无名曰：无为无二，则已然矣。结是重惑，而可谓顿尽，亦所未喻。经②曰：三箭中的，三兽渡河，中渡无异而有浅深之殊者，为力不同③故也。三乘众生俱济缘起之津，同鉴四谛之的，绝伪即真，同升无为。然其所乘不一者，亦以智力不同故也。

夫群有虽众，然其量有涯，正使智犹身子④，辩若满愿⑤，穷才极虑，莫窥其畔。况乎虚无之数，重玄之域，其道无涯，欲之顿尽耶？书⑥不云乎：为学者日益，为道者日损。为道者，为于无为者也。为于无为而曰日损，此岂顿得之谓？要损之又损之，以至于无损耳。经喻萤日⑦，智用可知矣。

注释

①**明渐**：此为十演之七。这里的"明"有二义：一为彰明、阐明；二为镜明，以喻磨镜，尘亦渐除，明亦

渐现。

②**经**：义引佛教经论所说。《阿毗昙毗婆沙论》卷二十二云："犹如一的，若木若铁，众箭所中如是，一无为体为三想所行。"卷五十五云："于甚深十二因缘河，能尽其底，是名为佛。二乘不尔，如三兽渡河，谓兔、马、象。兔则腾掷乃渡，马或尽底或不尽底，香象于一切时无不尽底。"

③**为力不同**：为，因为。《论语·八佾》："子曰：射不主皮，为力不同科。"同科：同等。

④**正使智犹身子**：正使，即使。身子，即释迦牟尼佛的十大弟子之一"舍利佛"。其持戒多闻，敏捷智慧，善讲佛法，有"智慧第一"之称。

⑤**满愿**：即释迦牟尼佛的十大弟子之一"富楼那"。其善于分别义理，广说佛法，以辩才著称，有"说法第一"或"辩才第一"之称。

⑥**书**：指老子之书。《老子·四十八章》："为学日益，为道日损。损之又损，以至于无为。"

⑦**经喻萤日**：《放光般若经》云："舍利佛！譬如萤烛，不作是念言：我光明照阎浮提，普令大明。如是舍利佛，诸声闻、辟支佛亦无是念言：我当行六波罗蜜，具足十八法，成阿惟三佛，度脱众生。舍利佛，譬如日出遍照阎浮提，莫不蒙明者。如是菩萨行六波罗蜜，具

足十八法，成阿惟三佛，度不可计一切众生。"僧肇以萤日之光明喻三乘智用之差别。

明渐第十三

译文

无名曰：无为无二，已经很清楚了。根本烦恼而可说顿尽，尚未明白。佛经中说：三箭中靶，三兽渡河，中靶渡河相同而深浅有所不同，这是因为力量不同的缘故。三乘众生俱渡生死之河，鉴知苦集灭道四谛，绝伪而即真，同升入无为之境。然而，众生所凭借的教法和经由的途径各不相同，这也是因为他们智力不同的缘故。

宇宙万有虽众，但其量有涯，即使是智慧如舍利弗，辩才如富楼那，穷极才辩思虑，也无法窥其边畔；更何况虚无之数，重玄之域，其道无涯，想要"顿尽"，又怎么可能呢？书中不是有"为学者日益，为道者日损"的说法吗？为道者，就是为于"无为"；为于"无为"而说"日损"，这哪里是说"顿得"大道呢？明明说的是要损之又损之，以至于无损。佛经中以萤火与日光为譬喻，那么三乘智用的差别也就是可知的了。

原典

讥动①第十四

有名曰：经称法身已上入无为境。心不可以智知，形不可以象测。体绝阴入，心智寂灭，而复云进修三位，积德弥广。夫进修本于好尚，积德生于涉求。好尚则取舍情现，涉求则损益交陈。既以取舍为心，损益为体，而曰体绝阴入，心智寂灭，此文乖致殊而会之一人，无异指南为北，以晓迷夫。

注释

①**讥动**：此为九折之七。讥，讥讽、诘难。动，即上文所言断惑、证理、损益等。文才《肇论新疏》云："所以讥动者，欲明动而常寂，寂而恒动。无住之行，事理双修。不尔，奚证无住涅槃之果。"

讥动第十四

译文

有名曰：佛经中说法身以上入无为境，智不可知其心，象不可测其形。形体无相，心智寂灭，而又说进修三个阶位，更多地积累功德。进修三位说明有所爱好与崇尚，积累功德说明有所涉入与追求。有所好尚则表现出了取舍之情，有所涉求则表现出了增减之相。既然以取舍为心，以增减为体，却又说形体无相，心智寂灭，这不是文义相违、自相矛盾吗？这就像指南为北，哪能使迷人知途呢？

原典

动寂[①]第十五

无名曰：经称圣人无为而无所不为[②]。无为，故虽动而常寂；无所不为，故虽寂而常动。虽寂而常动，故物莫能一；虽动而常寂，故物莫能二。物莫能二，故逾动逾寂；物莫能一，故逾寂逾动。所以为即无为，无为即为，动寂虽殊，而莫之可异也。

《道行》[③]云：心亦不有，亦不无。不有者，不若有心之有；不无者，不若无心之无。何者？有心则众庶是也，无心则太虚是也。众庶止于妄想，太虚绝于灵照，岂可止于妄想，绝于灵照，标其神道，而语圣心者乎？

是以圣心不有，不可谓之无；圣心不无，不可谓之有。不有，故心想都灭；不无，故理无不契。理无不契，故万德斯弘；心想都灭，故功成非我。所以应化无方，未尝有为；寂然不动，未尝不为。经云：心无所行，无所不行。信矣！

儒童④曰：昔我于无数劫，国财身命，施人无数，以妄想心施，非为施也。今以无生心，五华施佛，始名施耳。又，空行⑤菩萨入空解脱门，方言今是行时，非为证时。然则心弥虚，行弥广；终日行，不乖于无行者也。是以《贤劫》称无舍之檀⑥；《成具》美不为之为，禅典喝无缘之慈⑦；《思益》演不知之知。

圣旨虚玄，殊文同辩，岂可以有为便有为，无为便无为哉？菩萨住尽不尽平等法门，不尽有为，不住无为，即其事也。而以南北为喻，殊非领会之唱。

注释

①**动寂**：此为十演之八。动寂，明动寂不二之理，即下文中"虽动而常寂""虽寂而常动"。

②**无为而无所不为**：以老子语来表达佛教义。《老子·四十八章》："无为而无不为。"《老子·三十七章》："道常无为而无不为。"

③**《道行》**：《道行般若经·道行品》："心亦不有，亦不无，亦不能得，亦不能知处。"

④**儒童**：以下引文，均义引《大智度论》《本生经》和《放光般若经》等。

⑤**空行**：修空法之行。《放光般若经》中说："菩萨行空、无相、无愿三昧行等，今正是行五波罗蜜时，非是证时。"僧肇以此说明动寂无妨。

⑥**《贤劫》称无舍之檀**：《贤劫》，即《贤劫经》，八卷，西晋竺法护译。檀，梵文Dāna的音译，也译为"檀那"，意译即为"布施"。指施与他人以财物、体力和智慧等，为他人造福成智而求得积累功德以至解脱的一种修行方法，是大乘"六度"之一。

⑦**无缘之慈**：在佛教中，"慈"常与"悲"并称。佛、菩萨爱护众生，给予欢乐叫"慈"；怜悯众生，拔除苦难叫"悲"。《大智度论》卷二十七："大慈与一切众生乐，大悲拔一切众生苦。"无缘慈悲为佛教所谓"三慈"之一。

《大智度论》卷二十提出的三种慈悲为：(1)"众生缘慈悲"，此为凡夫的慈悲，是小悲，指对众生的慈悲。(2)"法缘慈悲"，此为声闻、缘觉及初地以上菩萨的慈悲，是中悲，指觉悟到诸法无我之理所起的慈悲。(3)"无缘慈悲"，此为佛的慈悲，是大慈悲，指离一切差别，心无所缘之慈悲。此三种慈悲统称"三缘慈悲"，简称"三慈"。

动寂第十五

译文

无名曰：佛经中说，圣人无为而无所不为。无为，所以虽动而常静；无所不为，所以虽静而又常动。虽静而常动，所以物莫能一；虽动而常静，所以物莫能二。物莫能二，所以逾动逾静；物莫能一，所以逾静逾动。因此，为就是无为，无为就是为；动静虽殊而不可异也。

《道行般若经》中说：心亦不有，亦不无。所谓不有，即不如有心之有；所谓不无，即不如无心之无。为什么呢？因为有心即是凡夫，无心即是太虚。凡夫止于妄想之域、太虚绝于灵妙玄照。怎么可以把止于妄想之域，绝于灵明玄照，说成是圣心呢？

因此，圣心不有，但不可说它是无；圣心不无，但不可说它是有。不有，所以绝灭一切心识妄想；不无，所以妙契一切玄理。妙契一切玄理，所以盛弘一切功德；绝灭一切心识妄想，所以功成而无所执着。因此，应化无穷，未尝有为；寂然不动，未尝不动。佛经中说：心无所行，无所不行。确实如此也！

佛为儒童菩萨时说：过去我曾在无限多的时间里将

无数的国财身命布施于人，由于是以妄想心进行的布施，所以都不是真正的布施。如今我以无生心，以五华施佛，才称得上是真正的布施。另外，空行菩萨入空解脱门，方言今是行时，而不是证时。这样，心越是虚寂，行越是广大；终日行而又与无行者不相违背。因此，《贤劫经》称颂无施之施；《成具光明定意经》赞美不为之为，禅典大唱无缘之慈；《思益梵天所问经》演说不知之知。

圣旨虚玄，不同的文字辩明的是同一个道理，怎么可以执着文句，以为有为便是有为，无为便是无为呢？菩萨住尽、不尽平等法门，不尽有为，不住无为，说的就是这种情况。而您以南北为喻，实在不是领宗得意的说法。

原典

穷源①第十六

有名曰：非众生无以御三乘，非三乘无以成涅槃。然必先有众生，后有涅槃，是则涅槃有始。有始必有终。而经云涅槃无始无终，湛若虚空，则涅槃先有，非复学而后成者也。

①**穷源**：此为九折之八。穷，穷究。源，根源。穷源，即追究能证之众生与所证之涅槃何者为先。

穷源第十六

译文

有名曰：如果没有众生就无以御三乘，没有三乘也就无以成涅槃。这样，必然是先有众生，后有涅槃，这就说明涅槃是有开始的，而有始则必有终。然而佛经中却说涅槃无始无终，寂然如虚空，这不就是说涅槃乃先有，并不是学而后成的吗？

原典

通古①**第十七**

无名曰：夫至人空洞无象，而万物无非我造，会万物以成己者，其唯圣人乎！何则？非理不圣，非圣不理。理而为圣者，圣不异理也。故天帝②曰：般若当于何求？善吉③曰：般若不可于色中求，亦不离色中求④。又曰：见缘起为见法，见法为见佛⑤，斯则物我不异之效也。

所以至人戢玄机⑥于未兆⑦，藏冥运之即化⑧；总六合以镜心，一去来以成体。古今通，始终同，穷本极末，莫之与二，浩然大均，乃曰涅槃。

经曰：不离诸法而得涅槃。又曰：诸法无边，故菩提无边。以知涅槃之道，存乎妙契；妙契之致，本乎冥一。然则物不异我，我不异物。物我玄会，归乎无极。进之弗先，退之弗后，岂容终始于其间哉？天女曰：耆年解脱，亦何如久？

注释

①**通古**：此为十演之九。通古，古今相通，指证与所证、圣人与性空之理无古今先后之异。

②**天帝**：即"帝释"，音译之略称作"释提桓因"，佛教护法神之一。

③**善吉**：即"须菩提"之意译。

④**般若**，不可于色中求，心境非一故；不可离色中求，心境非异故。佛教认为，色即是空，空即如境，如外无智，智境俱同于一空。

⑤**见缘起为见法，见法为见佛**：《肇论新疏》曰："缘

起即十二因缘也，法即空性，佛即觉智。见缘起性空之理，即为见佛。如智非异。"

⑥戢玄机：戢，止息、收敛。玄机，深奥玄妙的义理，这里喻至人之智。

⑦未兆：喻智证理时冥然相契，不存朕兆。

⑧藏冥运之即化：冥运之体不离万化之有。

通古第十七

译文

无名曰：至人空洞无象，所谓的万物莫非由心而起；会归万物，与我为一，这就是圣人。为什么呢？若不证万法性空之理，便无以成圣人；若非圣人，亦无以证万法性空之理。证理而为圣，圣与理便是不异的。所以天帝释说：应当从何处求得般若？须菩提说：般若不可从色中求得，也不可离色而求得。又说：见缘起即为见法，见法即为见佛。这都是物与我不相异的证明。

所以至人之智与玄理冥然相契，智鉴冥运而与万化同体；总括十方以成心，玄同古今以成体。古今通而始终同，本末一如而理事不二，浩然广大之平等无差，这就叫涅槃。

佛经中说：不离诸法而得涅槃。又说：诸法无边，所以菩提无边。据此可知，涅槃之道，存于妙契；妙契的极致，本于冥然而一。这样，物与我不异，我与物不异；物与我冥然玄会，同归于无极。进而并不为先，退而并不为后，其间哪有什么始与终呢?《维摩经》中的天女说：老年得解脱，非属久近之时。

原典

考得①第十八

有名曰：经云：众生性，极于五阴之内。又云：得涅槃者，五阴都尽，譬犹灯灭。然则众生之性，顿尽于五阴之内；涅槃之道，独建于三有之外，邈然殊域，非复众生得涅槃也。果若有得，则众生性不止于五阴；必若止于五阴，则五阴不都尽。五阴若都尽，谁复得涅槃耶?

注释

①**考得**：此为九折之九。考，考核。得，即前文所说的不离诸法而得涅槃。

考得第十八

有名曰：佛经中说：众生之性极于五蕴之内。又说：得涅槃者，五蕴都尽，犹如灯灭。既然这样，那么众生之性顿尽于五蕴之内，涅槃之道独立于万法之外，众生与涅槃完全是两个不同的领域，那也就不可说众生证得涅槃了。如果众生确实证得了涅槃，那么众生之性就不止于五蕴；如果众生之性止于五蕴，那么五蕴就并未都尽。五蕴如果都尽了，谁证得涅槃呢？

原典

玄得①第十九

无名曰：夫真由离起，伪因着生。着故有得，离故无名。是以则真者同真，法伪者同伪。子以有得为得，故求于有得耳。吾以无得为得，故得在于无得也。且谈论之作，必先定其本，既论涅槃，不可离涅槃而语涅槃也。若即涅槃以兴言，谁独非涅槃而欲得之耶？

何者？夫涅槃之道，妙尽常数，融冶二仪，涤荡万有。均天人，同一异，内视不己见，返听不我闻，未尝有得，未尝无得。经曰：涅槃非众生，亦不异众生。维摩诘言：若弥勒得灭度者，一切众生亦当灭度。所以者何？一切众生本性常灭，不复更灭。此名灭度，在于无灭者也。

然则众生非众生，谁为得之者？涅槃非涅槃，谁为可得者？《放光》云：菩提从有得耶？答曰：不也。从无得耶？答曰：不也。从有无得耶？答曰：不也。离有无得耶？答曰：不也。然则都无得耶？答曰：不也。是义云何？答曰：无所得故为得也，是故得无所得也。无所得谓之得者，谁独不然耶？

然则玄道在于绝域，故不得以得之。妙智存乎物外，故不知以知之。大象隐于无形，故不见以见之。大音匿于希声，故不闻以闻之。故能囊括终古，导达群方，亭毒苍生，疏而不漏②汪哉洋哉！何莫由之哉！故梵志③曰：吾闻佛道，厥义弘深，汪洋无涯，靡不成就，靡不度生。然则三乘之路开，真伪之途辨，贤圣之道存，无名之致显矣。

注释

①**玄得：**此为十演之十。玄得，意为不存得相而得

涅槃。

②**大象隐于无形等句**：以上数句中多用老子语。《老子·四十一章》：“大音希声，大象无形。”《老子·七十三章》：“天网恢恢，疏而不失。”

③**梵志**：引《佛说八师经》(一卷，吴支谦译)中梵志阐旬叹佛之言。

玄得第十九

译文

无名曰：真由离相而起，伪因着相而生。着相，所以有得；离相，所以无名。因此，效法真者同真，效法伪者同伪。您以有得为得，所以求之于有得；我以无得为得，所以得在于无得。而且，要谈论问题，总得先确定谈论的根本。既然谈论涅槃，就不可离开涅槃来谈涅槃。如果就涅槃而言，有谁非涅槃而欲求之？

为什么这么说呢？因为涅槃之道，妙尽事相，融贯天地，涤荡万物，均平天人，齐同一异，视无所见，听无所闻，未尝有得，未尝无得。佛经中说：涅槃不是众生，涅槃又不异众生。《维摩经》中说：如果弥勒得灭度者，一切众生也应当灭度。为什么呢？因为一切众生本性常灭，不复再灭。这称之为灭度，就在于无灭。

这样，众生非众生，谁为得涅槃者？涅槃非涅槃，谁又是可得者？《放光般若经》说：菩提从有而得吗？答曰：不是。菩提从无而得吗？答曰：不是。从有无而得吗？答曰：不是。离有无而得吗？答曰：不是。那么都无得吗？答曰：不是。这是什么意思呢？答曰：无所得，故为得，所以得无所得。既然无所得为得，那么还有谁不得呢？

既然如此，那么玄道在于事外，所以不得而得之；妙智超于物外，所以不知而知之；大象隐于无形，所以不见而见之；大音藏于无声，所以不闻而闻之。因此，涅槃之道能囊括终古，启悟群类，养育苍生，疏而不漏。其作用是多么广大啊！有什么不是由于有了它呢？所以梵志说：我听到佛道，其义是多么弘大深远啊！广大无边，无不成就，无不度生。这样，三乘之路得以开通，真伪之途得以明辨，圣贤之道得以存，而无名之致得以显也！

源流

《肇论》是佛学大师僧肇运用中国化的语言和表达方式对其师鸠摩罗什所传的印度龙树中观学的系统阐发，龙树中观学则是对佛教般若类经典思想的继承与发挥。

　　般若类经典是印度大乘佛教经典中的一大类，主要宣说万法性空的道理。它的中心思想是说，人生、社会及世界的一切，从根本上说，都是空无自性，虚幻不实的，甚至连所谓的佛道涅槃、彼岸世界也是空的。这里的"空"并不是空无所有，万法不存在，而是说存在的不真实，是假有，犹如人们的梦幻，所以《般若经》常用"诸法皆空，如梦如幻，如炎如响，如影如化"（《放光·不可得三际品》）、"我说佛道如幻如梦，我说涅槃如幻如梦"（《大品·幻听品》）等来表达"一切法性空"（《小品·萨陀波仑品》）的道理。

佛教本质上是一种解脱理论，其根本宗旨就是要将芸芸众生从生死轮回的此岸世界度到涅槃解脱的彼岸世界。那为什么《般若经》又把佛道与涅槃都说成是"空"的呢？这是因为，佛教般若类经典强调的解脱是一种精神上的绝对超脱，是对一切事物和现象都不加计较执着，如果把佛道涅槃或彼岸世界说成是一种实有而要人们去追求，这本身就会成为一种执着而违背了它自己的基本观点和根本精神，因此，它要把一切说成是"空"以帮助人们从贪着中解脱出来，以消除烦恼，息灭轮回。

　　如何来论证一切皆空？般若学的最基本观点是缘起性空，即认为万法皆是诸因缘在一定条件下的聚合，缘生的事物皆无自性，无自性故空。它把万法归之于假名施设，认为由于人们的虚妄分别，故给予了因缘和合的诸法以不同的名称，又把这些假名执着为真实的存在物。只要信佛教，行般若，就能掌握世界性空的真谛，获得真正的解脱。《般若经》的这种思想是在反对小乘说一切有部执着佛所说法为"真实"的基础上进一步发展起来的。

　　佛教般若学对"空"的论证颇具特色。"即假而空"，也就是不离人生、社会和世界的"假有"来谈空，是它最主要的特色之一。它强调，世界万法是存在的，不过它们本质上是虚假的。人有生老病死，物有成住坏灭，一切东西本质上是"空"，但"空"并不排斥"假有"的存在，相反，"假有"的存在是谈"空"的前提，因为"空"正是"假有"虚假本性的揭示。如若没有"假有"，"空"也就不存在了。"空"并不是离开"假有"之外的独立存在。《般若经》既反对把"假有"当作"真有"的观点，也反对不承认"假有"存在的观点。在《般若经》中，色与空是二而一的东西，所谓"色即是空，空即是色"，就是这个道理。

那么，为什么会有色与空不同的名称呢？《般若经》用真俗二谛义来加以说明，它认为，万法性空是真谛，缘起色有是俗谛。真谛不可思议，不可言议，只有通过色有之俗谛才能显示出来。所以佛陀就通过俗谛来说真谛，通过色来说空。而从根本上说，色与空都只是佛说法的善权方便，因而都不能执着。就连"空"的观念也应该加以破除，因为任何计较执着都是不符合空观要求的。般若空观应该是即万法本身而观空同时又在思想上无任何执着。这种联系人们的主观认识对一切有所执着的"邪见"加以破斥，是《般若经》论证一切皆空的又一显著特点。

《般若经》的基本思想和主要特点都被古印度的龙树和提婆所创立的中观学派继承并发展了。中观学派因其理论上坚持不着有、无二边（"非有"亦"非无"）的

"中道"而得名。又因该学派主要发挥"一切皆空"的思想，故又被称为"大乘空宗"。它与瑜伽行派（又称"大乘有宗"）并称为印度大乘佛教的两大基本派别。

中观学派以《大品般若经》和龙树的《中论》《十二门论》《大智度论》以及提婆的《百论》等经论为其基本的理论经典，以般若空观来组织自己的学说体系，提出了"三是偈""八不说"和"实相涅槃"等说法，在理论上把性空与方便统一起来，在认识上和方法上把名言与实相、俗谛与真谛统一起来，在宗教实践上把世间与出世间、烦恼与涅槃统一起来，始终坚持"假有性空"、不着有无的"中道"立场，从而发展了般若的缘起性空理论。

龙树中观学对般若思想的发展主要在于，它用真俗二谛进一步把性空和假有统一起来，以此来破除一切执着，并把抛弃一切邪见和执着解释为"离有无二边"，提出了"离有离无处中道"的中道空观。《中论·观四谛品》中有这样一首偈颂："众因缘生法，我说即是空，亦为是假名，亦是中道义。"这首有名的"三是偈"被认为是龙树中观学对中道空观的经典性概括。其意思是说，对于缘起法，既要看到它无自性（空），又要看到它作为假名有（假有、假施设）还是存在的，如此观空，才符合中道义。

青目在解释"三是偈"时说:"众因缘生法,我说即是空。何以故?众缘具足和合而物生,是物属众因缘,故无自性,无自性故空,空亦复空。但为引导众生故,以假名说,离有无二边,故名为中道。"青目的解释是符合中道空观原义的。根据中道空观,那么一切都无可执着,所以《大智度论》卷三十八中说:"佛法不着有,不着无,有无亦不着,非有非无亦不着,不着亦不着。"

为了进一步贯彻中道空观,龙树中观学继承了《般若经》的传统,对各种"邪见"进行了最彻底的破斥。他们把人们种种不正确的观点概括为对生灭、断常、一异、来出的执着,在这八个范畴前冠之以"不"字加以否定,便是著名的"八不说":"不生亦不灭,不常亦不断,不一亦不异,不来亦不出。"

"八不"的特点是"总破一切法",它本身"破而不立",并不在破之外另有所立,而是通过"破邪"来"显正"。它用"生、常、一、来"破斥"灭、断、异、出",又用"灭、断、异、出"破斥"生、常、一、来",最后达到破除一切的"不落任何一边",从中显示出万法性空的真理。

中观学派又认为,诸法性空即是诸法实相,诸法"实相"即为"涅槃"。既然世间诸法性空的实相即是无生无灭、涅槃寂静,那么,世间与出世间也就没有分别,因而也就不必脱离世间去追求超世间的涅槃，要实现解脱，关键只在于要掌握中道空观破除各种执着。

般若思想最早是由汉末译经大师支娄迦谶（简称支谶）译介到我国来的。支谶于东汉灵帝光和二年（公元一七九年）在洛阳译出了《道行般若经》十卷（属于"小品"，与唐代玄奘大师译的《大般若波罗蜜多经》第四会为同本异译）。自此以后，般若类经典便源源不断地传到中国。

到西晋时，社会上就流传了好多不同的译本。现保存下来的就有三国时支谦译出的《大明度经》六卷（系《道行般若经》的改译）、竺法护于西晋太康七年（公元二八六年）译出的《光赞般若经》十卷和西晋时无罗叉、竺叔兰于元康元年（公元二九一年）译出的《放光般若经》二十卷（《光赞》和《放光》属于"大品"，与玄奘大师译的《大般若波罗蜜多经》第二会为同本异译）。

到鸠摩罗什大师东来，"既览旧经义多乖谬，皆由先译失旨，不与胡本相应"（《出三藏记集·鸠摩罗什传》），于是又重译大、小品。《般若经》的再三译出，从一个侧面反映了中土社会对般若思想的需要。

在上述诸多《般若经》译本中，以《放光》和罗什译大、小品影响最大。般若思想虽然在汉末即已传入我国，但真正盛行，是在玄学兴起以后，特别是在朱士行西行求法，送回《大品》以后。般若学旨在空无，追求超脱，与老庄玄学谈无说有、寻求自然逍遥有相似之处，故如道安所言，"因风易行"，借助于玄风而得以广传。

最初社会上流传的《般若》译本属于"小品"，朱士行对此感到不满。朱士行是中国佛教史上第一个依律受戒出家为僧的汉人，也是中国内地第一个西行求法的僧人。他由于深感当时社会上流传的《小品般若》文句艰涩，难于理解而于魏甘露五年（公元二六〇年）西行求法，至于阗求得梵书胡本《大品般若》遣弟子送回洛阳，后由无罗叉、竺叔兰等在陈留仓垣水南寺译出，是即《放光》。《放光》的译出，对两晋般若学的兴盛起了极大的推动作用。道安曾说，《放光般若》"言少事约，删削复重，事事显炳，焕然易观"，因此，"《放光》寻出，大行京华，息心居士，翕然传焉"。自此以后，讲习般若，逐渐成为时代风尚，并出现了支孝龙、康僧渊等众多的般若学者。

但是，由于早期《般若经》各译本从总体上看都是"译理未尽"，不很完备，因而在一定程度上影响了人们对般若性空思想的理解，再加上当时人们往往用"格义"的方法来解佛，对佛经的理解就不免受到当时社会上流行的老庄玄学的影响。因此，在罗什译出系统发挥般若性空思想的"三论"（《中论》《百论》《十二门论》）和重译大小品《般若经》之前，玄学和般若学相互影响，相互渗透，形成了人们常说的两晋"玄佛合流"的一代学风，般若"空义"并未为中土人士所全面了解和准确把握，人们的理解或者流于片面，或者用玄学等传统的思想去加以比附，从而围绕着般若"空"义在两晋时产生了"六家七宗"等众多的老庄玄学化的般若学派。

作为玄佛合流产物的这些般若学派，一方面在老庄玄学的影响下谈无说有、相互辩难；另一方面也分别从心无、物无等不同的角度发明了般若空义，为后人全面理解般若性空之义创造了条件。僧肇正是在六家七宗等学派的基础上，借助于其师罗什译出的佛教经论新译本，对各家学说加以评判总结，从而比较全面而准确地阐发了般若性空之义的。

如果说，从支谶初译《般若经》到支谦再译《大明度经》是般若学在中土流传发展的第一个阶段，从玄学的产生到玄佛合流的六家七宗时代的般若学为第二个阶段，那么，从罗什、僧肇到吉藏，则可以说是般若学在中土流传的第三个阶段。

鸠摩罗什于姚秦弘始三年（公元四〇一年）被迎入长安，在僧肇等弟子的协助下，共译出佛典数百卷。这些新译出的佛典文质兼备，达到了前所未有的新水平，并对佛教在中国的进一步传播发生了极其重大的影响。

特别是罗什系统译介的般若三论之学，经其弟子阐扬而成为中国佛学的基本理论主干之一。

罗什译经虽多，其所宗则为般若三论之学。般若性空理论和龙树中观学那一套非有非无、不落两边的思辨方法经罗什及其弟子的努力，而以新的面貌在中国得到了传播。这种新的面貌不仅体现在罗什、僧肇通过翻译和著述，对般若思想作了比较完整的、准确的介绍，而且体现在僧肇这位佛学大师运用佛教般若空观，在融会中外思想方面作出的特殊努力。

僧肇是鸠摩罗什的高足，在罗什上百弟子中，他的声望最高，理论贡献最突出，影响也最大。僧肇在精通佛教大乘空宗要义，不违背佛教基本教理的前提下，注意从传统的思想中吸取养料，努力运用中国化的语言和方式来阐发佛教思想，并讨论解决当时玄学以及社会上人们普遍关心的问题，他在中国佛教史上建立的第一个比较完整的中国化的佛学思想体系，在中国思想史上占有重要的地位，并对后人产生了多方面的影响。

贯穿僧肇佛学思想体系的基本命题是《不真空论》，这个命题是针对当时玄佛合流的般若学各派而提出来的。在玄学氛围中形成的般若学各派，在玄学贵无崇有的影响下，都具有割裂有和无、离开假有来谈"性空"的倾向，未能全面把握般若学非有非无、亦有亦无的真谛。

僧肇批评了其中有代表性的本无、即色和心无三家的观点，认为它们或者从"色不自有"来谈空（即色宗），或者以"从无出有"来否定有（本无宗），有的甚至用"无心于万物"来解空（心无宗），这都是不准确的。

为了纠正各家理解上的偏差，僧肇根据自己在罗什大师那里所学以及对罗什新译经论的理解，重新提出了"空"来取代"无"。如果说"无"是对"有"的否定，那么"空"则是对"有"虚假本性的揭示。僧肇以"不真"来释"万有"，以"虚假"取代"空无"，把当时玄学和般若学的有无之争引向了真假之辨，从而克服了六家七宗时代般若学割裂有无谈空观的局限性。

在准确把握般若性空之义的基础上，僧肇运用般若空观回答并解决了当时玄学所讨论的主要问题。以《不真空论》来解说有和无的问题，那就是非有非无、有无皆空；以《不真空论》来解说动和静，那就是非动非静、动静皆空；以《不真空论》来解说知与不知，那么世俗的知与所知也都是空，只有般若的"不知之知，乃曰一切知"；以《不真空论》来描绘涅槃圣境，那么涅槃当然也就是非有非无、超于言象之外的。正是在对虚假万有的否定中才"显"出了佛教性空的真谛和解脱的圣境。

由于僧肇比较准确地掌握并运用般若中道空观，在批判玄学化的般若学各家学说的同时，也间接地批判了玄学贵无、崇有的各派，并解决了玄学长期讨论而一直未能圆满解决的问题，因此，僧肇不但用佛学发展了玄学，而且使佛学最终取代了玄学。僧肇以后，自成体系的中国佛学逐渐在中国思想舞台上扮演着越来越重要的角色，佛教般若思想也渗透到了中国佛教各宗派乃至儒学和道家（道教）思想体系中去。

东晋以后，《肇论》所阐扬的般若三论之学曾一度消沉，其原因是多方面的。从社会方面看，与当时长安一带兵祸频繁、战乱不止有关。从佛学本身来看，由于僧肇谈"空"，已将中观般若的思想推向了极致，故"宋、齐、梁、陈皆未能如东晋之专重《般若》"（汤用彤语）。再加当时社会上人们普遍关注自我主体的生死祸福和命运，极盼从地狱般的现实苦难中解脱出来，而宣扬"人人有佛性，人人皆得成佛"的《涅槃经》又先后译出，因而佛学理论逐渐由般若"真空"向涅槃"妙有"过渡，但般若思想并没有因此而消失，而是与涅槃佛性论一起对中国佛教继续发生着深刻的影响。

即以"涅槃圣"竺道生的思想为例，他的涅槃佛性论的最主要特点即是以般若实相说为其理论基点，他是在离言扫相的基础上又直指含生之真性，从而把非有非无的宇宙实相与众生的佛性、自性结合在一起，使成佛从对外在宇宙实相的体认转向了对内在自性（自心）的证悟。真空妙有的理论契合无间，更好地满足了当时人们的需要。

南朝梁陈时，由辽东人僧朗传到江南的般若三论之学，在僧诠、法朗等人的努力和梁武帝等人的倡导下，又得以再兴。隋唐时，吉藏更据此而创立了三论宗，影响所及，远至日本。吉藏多次强调自己的学术渊源是"近承摄岭兴皇，远遵关河旧义"，这里的关河旧义，指的就是罗什、僧肇弘传的中观般若学。

除三论宗直接继承了中观般若学之外，天台宗的性具实相说也吸收融会了罗什、僧肇弘传的般若思想，华严宗的无尽缘起说则以"空"理通于一切作为"十玄"观法的根据，禅宗更以般若实相来会通真如佛性，提出了识心见性、顿悟成佛的主张。可见，性空般若学经罗什、僧肇等人的弘扬，实际上已经融入到了中国化的佛教各个宗派的理论学说中去，它与涅槃佛性论一起，成了中国佛教理论的两大主干，在中国佛教史乃至中国思想史上发生着持久的深刻影响，这也从一个方面说明了《肇论》历来受到人们的重视和推崇的原因。

解说

《肇论》一向以文辞优美、思想深邃而著称于世，并以它对龙树中观学的准确把握和系统发挥而在中国佛教史乃至整个中国思想史上发生着持久的影响力。而《肇论》站在佛教的立场上对中外思想的融会贯通更对我们今天的文化建设有着重要的启迪意义。

　　《肇论》所阐发的主要是鸠摩罗什译介的印度龙树中观学派的般若性空思想。其基本观点是"万法皆空"，即认为人生、社会及世界的一切皆因缘而有、空无自性，因而虚幻不实。这里的"空"并不是不存在，而是说存在的不真实，是"性空"。《般若经》中常说："诸法皆空，如梦如幻，如炎如响，如影如化。"其目的是要求人们放弃对一切事物和现象的执着与追求，以实现精神上的超越与解脱。《肇论》以《不真空论》来概括这种思想。万法不真故空，不真即空。"犹如幻化人，非无幻化人，幻化人非真人也。"

但是，说一切皆空并不是宣扬消极的虚无主义，而是要人们认清宇宙人生的真实本质，不要过分追求尘世的物欲享受而丧失了人的真性，以至于为烦恼所缚而沦于生死苦海。因此，般若性空理论否定万法真实性的根本目的还在于显示不可思议、不可言说的诸法实相，为人生的解脱作理论论证。对此，僧肇在注《维摩经·弟子品》时曾作过明确的说明："所见不实，则实存于所见之外。"

中观般若学主张性空假有、空有相即，在非有非无的遮诠之中显中道实相。虽未明确肯定"实有"，却已经包含着通向涅槃之有的契机，正因为此，当这种"真空"的理论传入中国，经《肇论》等的阐扬而达极盛后，很快就过渡到了"涅槃妙有"的理论。真空妙有契合无间，从而更好地满足了期望从现实苦难中解脱出来的中土人士的需要。（编按：龙树的中观学与中国佛学的"真空妙有"是有其差异的，两者不能视为相等。）

有人片面地理解佛理，认为中观般若思想尽管宣扬"不落有无处中道"，但毕竟其根本宗旨是"空"，也正因为如此，中观学派才又被称之为"大乘空宗"，它与宣扬"有"的大乘有宗是完全对立的。这种看法是不准确的。

大乘有宗，在印度佛教中主要是指以无着、世亲为代表的瑜伽行派，而在我国，往往也把涅槃佛性论这一系的学说包括在内。空宗和有宗两系的思想其实是互为补充、互相发明的。说万法性空的根本目的在于显宇宙的实相，为涅槃解脱作论证，而为了建立真如佛性说，显示涅槃圣境的真实性，为众生的解脱指点迷津，亦必须先论证万法的虚幻性以破除人们对尘世的执着。因此，谈涅槃之有的经典著作《大般涅槃经》中说："从般若波罗蜜出大涅槃。"

空宗的代表性著作《大智度论》则说："般若波罗蜜多中，或时分别诸法空是浅，或时说世间法即是涅槃是深，色等诸法，即是佛法。"佛教经典的这些说法为我们全面理解佛法大义提供了依据。

正因为佛教空宗和有宗的理论本质上是相互发明、互为补充的，因此，尽管空有两宗在印度佛教中曾有过争论，但并不是截然对立的。从印度佛教发展的历史来看，佛性论思想是在般若性空理论的基础上发展起来的，而瑜伽行派的学说则是对佛性论思想的进一步完善。印度大乘佛教后期，更出现了调和空有两宗的趋势，出现了"瑜伽中观派"等学派。

在中国佛教中，调和空、有的倾向就更加明显。特别是晋宋之际的竺道生从理论上对空有两宗的思想加以会通，在离言扫相的基础上又直指含生之真性，把非有非无的宇宙实相与众生的佛性、自性联系在一起，他的涅槃佛性论和顿悟成佛说都是融合空有的产物，这对以后中国佛教的发展产生了极大的影响。

竺道生以后，空有两系的理论便成为中国佛学的两大理论主干。而空宗的思想虽然在东汉末年已逐渐传入我国，但打入思想界，却是从魏晋时期开始的，而真正被理解和接受，则是在罗什、僧肇等人以后。特别是《肇论》谈空，把中观般若的思想推向了顶峰，并与传统思想相融会，从而使这种思想渗透到了中国佛教的各宗各派的思想体系中。

在鸠摩罗什来华之前，般若中观思想并未为中土人士所全面了解和准确把握。由于汉魏间译经的不完善，系统发挥般若性空之义的《中论》等又未译出，而人们又往往以"格义"的方法来解佛，不可避免地用当时社会上流行的老庄玄学来比附佛学，因而围绕着般若性空之义出现了许多老庄玄学化的般若学派。

到罗什大师东来，经罗什及弟子的大力弘传，般若性空之学才真正在中土得以广传，并逐渐摆脱对传统思想的依附而开始了它相对独立的发展。《肇论》在这其中起了巨大的承上启下的重要作用，并在今天仍然显示出它的文化价值与文化意义。

佛教般若学具有较高的理论思辨水平，它在历史上曾通过与魏晋玄学的合流而最终取代玄学的发展，一个重要的原因也就在于它能为当时的学术思想的发展增加新鲜养料和新的动力。《肇论》比较全面而又准确地阐发了般若性空要义，既对玄佛合流作出了评判总结，使佛教般若思想真正为中土人士所理解从而得以消化和吸收，开辟了佛教在中国流传发展的新阶段，而且也为佛教的思辨精华融入华夏文明，使之成为传统文化的重要组成部分作出了划时代的贡献。

一个民族要站在科学的最高峰，就一刻也不能没有理论思维，理论思维能力的高下是衡量一个民族文明程度的重要标志。中华民族以其高度发达的悠久的文明传统著称于世，这与它拥有《肇论》等一大批集中体现中华民族智慧的宝贵文化财富是分不开的。《肇论》不仅在历史上以其精深的哲理从一个侧面体现了时代的精神面貌，而且至今对于提高整个中华民族的理论思维水平仍有着重要的借鉴意义与价值。

理论必须为社会人生服务，才能充分发挥出它的价值。《肇论》发挥的虽然是高度思辨的佛教理论，但它并没有抽象地空谈玄理，而是处处以般若性空学说来指导现实的人生。僧肇本人由于过早地离世，未能见到《涅槃经》等而对佛性妙有作出理论上的发挥，但他曾明确地表示赞同后秦主姚兴对"廓然空寂，无有圣人"的批评，认为"若无圣人，谁与道游？"（《肇论·涅槃无名论》）在发挥般若性空理论时，《肇论》充分体现了中观般若学"破邪显正"的理论特色，在破除万法真实性和众生的虚妄执着的同时，强调了涅槃圣境的美妙，与众生修行得解脱的可能性与必要性。

《肇论》还努力以中道空观来沟通出世与入世，此岸与彼岸的联系，反复强调"非离真而立处，立处即真"（《不真空论》），要求"神虽世表，终日域中"（《般若无知论》），认为圣人应该是"居动用之域，而止无为之境，处有名之内，而宅绝言之乡"（《答刘遗民书》）。这种理论在东晋十六国时期曾给人们提供了栖神冥累的"良方"。

当时战乱不止，政权急剧交替，社会极度动荡，人人朝不保夕。无论是面临"今日当君主，明日阶下囚"这一残酷现实的统治者，还是生活在现实地狱中的劳苦大众，"一切皆空"的理论都可以给他们以某种精神安慰，而放弃过分的执着与贪欲，以追求一种精神超脱和自由的境界，又确实为人们指出了一种出路。

在社会已经发生了很大变化的当今时代，《肇论》所阐发的理论对人们仍然是有一定意义的。科学发展了，物质财富增加了，人们的物质利益得到了更大的满足，但人们并不一定就会更加幸福。现代社会与人生存在的大量问题就充分证明了这一点。

人区别于其他动物就在于他还有感情上、精神上的需求。人的欲望是无止境的，放任人的欲望，不但会带来巨大的社会问题，也会给人生带来不幸。要想在充满矛盾与困惑的社会与人生现实中寻求心灵的平衡与生命的永恒价值，《肇论》能给予人们以某种帮助。

如果我们着眼于佛教的中国化与整个传统思想文化的发展，我们就更可以看到，《肇论》之所以历代受到重视与欢迎，之所以成为千古不朽的传世之作，除了因为它比较全面而准确地把握了中观般若思想，具有较强的思辨性，并能给人以某种精神慰藉之外，还在于它在融会中外思想方面作出的特殊努力，及其在佛教中国化过程中的重要里程碑作用。

佛教作为一种外来文化，它必须在保留其本身特色的同时又与传统思想文化相结合，必须在探讨并解决中国的社会与人生问题中吸收中国传统的思想内容和思辨方法，为适应中国社会的需要而有所发展，有所创新，才能被中土社会所接受。而传统思想文化也必须在不断吸收包括佛教及各种优秀文化成果的过程中，才能不断更新发展，充满活力。《肇论》在这方面显示出了它特殊的价值与永恒的魅力，并给人以重要的启示。

《肇论》在准确把握佛教要义并加以阐释的时候，并没有对印度佛学机械地照本宣科，而是经过了消化、理解和加工，并注意从老庄、玄学等传统的思想中吸取养料，紧密结合当时的社会人生问题和时代思潮，用人们乐意接受的中国化的语言、概念和命题，在回答人们所普遍关心的问题中来系统地阐发佛教理论。正因为此，《肇论》不仅建立起了第一个中国化的佛学思想体系，使佛教思想和理论成为传统文化的重要组成部分，而且也使传统思想文化的发展获得了新的契机与生命力。

由此我们也得到重要的启示：源远流长的中华传统文化之所以绵延数千年而不绝，就在于它能够不断地适应时代的需要，并吸收新鲜血液来充实自己，不断地更新、发展自己。在传统文化面临世界各种文化挑战的今天，我们应该以史为鉴，努力吸收世界上一切先进的文化成果来发展传统文化，通过创造性阐释使之适应新时代的需要。我们应该通过各种努力，使传统文化中的优秀精华，在现在与未来得到发扬光大，使之在人类文明中发挥出更大、更积极的作用。

附录

1 刘遗民书问

　　遗民和南。顷餐徽闻，有怀遥伫，岁末寒严，体中如何？音寄壅隔，增用抱蕴。弟子沉痾草泽，常有弊瘵耳。因慧明道人北游，裁通其情。古人不以形疏致淡，悟涉则亲。是以虽复江山悠邈，不面当年，至于企怀风味，镜心象迹，伫悦之勤，良以深矣。缅然无因，瞻霞永叹，顺时爱敬，冀因行李，数有承问。伏愿彼大众康和，外国法师当休纳。

　　上人以悟发之器而遭兹渊对，想开究之功，足以尽过半之思。故以每惟乖阔，愤愧何深。此山僧清常，道戒弥励，禅隐之余，则惟研惟讲，恂恂穆穆，故可乐矣。弟子既以遂宿心而睹兹上轨，感寄之诚，日月铭至。远法师顷恒履宜，思业精诣，乾乾宵夕。自非道用潜流，理为神御，孰以过顺之年，湛气若兹之勤。所以凭慰既深，仰谢逾绝。

去年夏末，始见生上人示《无知论》，才运清俊，旨中沉允，推涉圣文，婉而有归。披味殷勤，不能释手，真可谓浴心方等之渊，而悟怀绝冥之肆者矣！若令此辨遂通，则般若众流，殆不言而会，可不欣乎！可不欣乎！然夫理微者辞险，唱独者应希，苟非绝言象之表者，将以存象而致乖乎？意谓答以缘求智之章，婉转穷尽，极为精巧，无所间然矣。但暗者难以顿晓，犹有余疑一两，今辄题之如别。想从容之暇，复能粗为释之。

论序云：般若之体非有非无，虚不失照，照不失虚，故曰不动等觉而建立诸法。下章云：异乎人者神明，故不可以事相求之耳。又云：用即寂，寂即用，神弥静，应逾动。夫圣心冥寂，理极同无，不疾而疾，不徐而徐。是以知不废寂，寂不废知，未始不寂，未始不知。故其运物成功化世之道，虽处有名之中，而远与无名同。斯理之玄，固常所弥昧者矣。但今谈者所疑于高论之旨，欲求圣心之异，为谓穷灵极数，妙尽冥符耶？为将心体自然，灵怕独感耶？若穷灵极数，妙尽冥符，则寂照之名故是定慧之体耳。若心体自然，灵怕独感，则群数之应固以几乎息矣！

夫心数既玄而孤运其照，神淳化表而慧明独存，当有深证。可试为辨之。疑者当以抚会应机睹变之知，不可谓之不有矣。而论旨云本无惑取之知，而未释所以不取之理。谓宜先定圣心所以应会之道，为当唯照无相耶？为当咸睹其变耶？若睹其变，则异乎无相；若惟照无相，则无会可抚。既无会可抚，而有抚会之功，意有未悟，幸复诲之。

论云：无当则物无不当，无是则物无不是。物无不是，故是而无是；物无不当，故当而无当。夫无当而物无不当，乃所以为至当；无是而物无不是，乃所以为真是。岂有真是而非是，至当而非当，而云当而无当，是而无是耶？若谓至当非常当，真是非常是，此盖悟惑之言本异耳。固论旨所以不明也，愿复重喻，以祛其惑矣。

论至日，即与远法师详省之，法师亦好相领得意，但标位似各有本，或当不必理尽同矣。顷兼以班诸有怀，屡有击其节者，而恨不得与斯人同时也。

2 答刘遗民书
（书有二幅，前短札，后长幅）

　　不面在昔，伫想用劳。慧明道人至，得去年十二月《疏》，并《问》。披寻返覆，欣若暂对。凉风届节，顷常何如？贫道劳疾多不佳耳，信南返不悉。八月十五日释僧肇疏答。

　　服像虽殊，妙期不二；江山虽缅，理契即邻。所以望途致想，虚襟有寄。君既遂嘉遁之志，标越俗之美，独恬事外，欢足方寸，每一言集，何尝不远？喻林下之雅咏，高致悠然，清散未期，厚自保爱。每因行李，数有承问，愿彼山僧无恙，道俗通佳，承远法师之胜常，以为欣慰。虽未清承，然服膺高轨，企伫之勤，为日久矣。公以过顺之年，湛气弥厉，养徒幽岩，抱一冲谷，遐迩仰咏，何美如之？每亦翘想一隅，悬庇霄岸，无由写敬，致慨良深。君清对终日，快有悟心之欢也。

即此大众寻常，什法师如宜。秦王道性自然，天机迈俗。城堑三宝，弘道是务。由使异典胜僧，方远而至，灵鹫之风，萃于兹土。领公远举，乃千载之津梁也。于西域还，得方等新经二百余部，请大乘禅师一人，三藏法师一人，毗婆沙法师二人。什法师于大石寺出新至诸经，法藏渊旷，日有异闻。禅师于瓦官寺教习禅道，门徒数百，夙夜匪懈，邕邕肃肃，致可欣乐。三藏法师于中寺出《律藏》，本末精悉，若睹初制。毗婆沙法师于石羊寺出《舍利弗阿毗昙》胡本，虽未及译，时问中事，发言新奇。贫道一生猥参嘉运，遇兹盛化，自恨不睹释迦祇桓之集，余复何恨！而慨不得与清胜君子同斯法集耳。

生上人顷在此，同止数年，至于言语之际，常相称咏。中途还南，君得与相见，未更近问，惘悒何言。威道人至，得君《念佛三昧咏》，并得远法师《三昧咏》及《序》。此作兴寄既高，辞致清婉，能文之士率称其美。可谓游涉圣门，扣玄关之唱也。君与法师当数有文集，因来何少？什法师以午年出《维摩经》，贫道时预听次。参承之暇，辄复条记成言，以为注解。辞虽不文，然义承有本。今因信持一本往南。君闲详，试可取看。来问婉切，难为郢人。贫道思不关微，兼拙于笔语。且至趣无言，言必乖趣。云云不已，竟何所辨。聊以狂言，示酬来旨耳。

疏云：称圣心冥寂，理极同无，虽处有名之中而远与无名同。斯理之玄，固常所弥昧者。以此为怀，自可忘言内得，取定方寸，复何足以人情之所异而求圣心之异乎？疏曰：谈者谓穷灵极数，妙尽冥符，则寂照之名，故是定慧之体耳。若心体自然，灵怕独感，则群数之应固以几乎息矣。

意谓妙尽冥符，不可以定慧为名；灵怕独感，不可称群数以息。两言虽殊，妙用常一；迹我而乖，在圣不殊也。何者？夫圣人玄心默照，理极同无，既曰为同，同无不极，何有同无之极，而有定慧之名？定慧之名，非同外三称也。若称生同内，有称非同；若称生同外，称非我也。

又，圣心虚微，妙绝常境，感无不应，会无不通，冥机潜运，其用不勤，群数之应，亦何为而息耶？且夫心之有也，以其有有。有不自有，故圣心不有有。不有有，故有无有。有无有故，则无无。无无故，圣心不有不无。不有不无，其神乃虚。

何者？夫有也无也，心之影响也；言也象也，影响之所攀缘也。有无既废，则心无影响；影响既沦，则言象莫测。言象莫测，则道绝群方；道绝群方，故能穷灵极数。穷灵极数，乃曰妙尽。妙尽之道，本乎无寄。夫无寄在乎冥寂，冥绝故虚以通之；妙尽存乎极数，极数故数以应之。数以应之，故动与事会；虚以通之，故道超名外。道超名外，因谓之无；动与事会，因谓之有。因谓之有者，应夫真有，强谓之然耳。彼何然哉？

故经云：圣智无知而无所不知，无为而无所不为。此无言无相寂灭之道，岂曰有而为有，无而为无，动而乖静，静而废用耶？而今谈者，多即言以定旨，寻大方而征隅，怀前识以标玄，存所存之必当。是以闻圣有知，谓之有心，闻圣无知，谓等大虚。有无之境，边见所存，岂是处中莫二之道乎？何者？万物虽殊，然性本常一，不可而物，然非不物。可物于物，则名相异陈；不物于物，则物而即真。是以圣人不物于物，不非物于物。不物于物，物非有也；不非物于物，物非无也。非有所以不取，非无所以不舍。不舍故妙存即真，不取故名相靡因。名相靡因，非有知也；妙存即真，非无知也。故经云：般若于诸法，无取无舍，无知无不知。此攀缘之外，绝心之域，而欲以有无诘者，不亦远乎？请诘夫陈有无者。夫智之生也，极于相内。法本无相，圣智何知？世称无知者，谓等木石太虚无情之流。灵鉴幽烛，形于未兆，道无隐机，宁曰无知？且无知生于无知，无无知也，无有知也。无有知也，谓之非有，无无知也，谓之非无。所以虚不失照，照不失虚，怕然永寂，靡执靡拘。孰能动之令有，静之使无耶？

故经云：真般若者，非有非无，无起无灭，不可说示于人。何则？言其非有者，言其非是有，非谓是非有。言其非无者，言其非是无，非谓是非无。非有非非有，非无非非无。是以须菩提终日说般若而云无所说。此绝言之道，知何以传？庶参玄君子有以会之耳。

又云：宜先定圣心所以应会之道，为当唯照无相耶？为当咸睹其变耶？谈者似谓无相与变，其旨不一，睹变则异乎无相，照无相则失于抚会。然则即真之义，惑有滞也。经云：色不异空，空不异色。色即是空，空即是色。若如来旨，观色空时，应一心见色，一心见空。若一心见色，则唯色非空；若一心见空，则唯空非色。然则空色两陈，莫定其本也。是以经云非色者，诚以非色于色，不非色于非色。若非色于非色，太虚则非色，非色何所明？若以非色于色，即非色不异色，非色不异色，色即为非色。故知变即无相，无相即变，群情不同，故教迹有异耳。

考之玄籍，本之圣意，岂复真伪殊心，空有异照耶？是以照无相，不失抚会之功；睹变动，不乖无相之旨。造有不异无，造无不异有。未尝不有，未尝不无。故曰不动等觉而建立诸法。以此而推，寂用何妨？如之何谓睹变之知，异无相之照乎？恐谈者脱谓空有两心，静躁殊用，故言睹变之知，不可谓之不有耳。

若能舍己心于封内，寻玄机于事外，齐万有于一虚，晓至虚之非无者，当言至人终日应会，与物推移，乘运抚化，未始为有也。圣心若此，何有可取，而曰未释不取之理？

又云：无是乃所以为真是，无当乃所以为至当，亦可如来言耳。若能无心于为是，而是于无是；无心于为当，而当于无当者，则终日是，不乖于无是；终日当，不乖于无当。但恐有是于无是，有当于无当，所以为患耳。何者？若真是可是，至当可当，则名相以形，美恶是生，生生奔竞，孰与止之？是以圣人空洞其怀，无识无知，然居动用之域，而止无为之境；处有名之内，而宅绝言之乡；寂寥虚旷，莫可以形名得，若斯而已矣。乃曰真是可是，至当可当，未喻雅旨也。恐是当之生，物谓之然，彼自不然，何足以然耳。

夫言迹之兴，异途之所由生也。而言有所不言，迹有所不迹。是以善言言者，求言所不能言；善迹迹者，寻迹所不能迹。至理虚玄，拟心已差，况乃有言？恐所示转远，庶通心君子有以相期于文外耳。

3　僧肇传

释僧肇,京兆人。家贫以佣书为业。遂因缮写,乃历观经史,备尽坟籍。志好玄微,每以《庄》《老》为心要。尝读老子《道德章》(编按:又称《道德经》),乃叹曰:美则美矣,然期栖神冥累之方,犹未尽善。后见旧《维摩经》,欢喜顶受,披寻玩味,乃言始知所归矣。因此出家,学善《方等》,兼通三藏。及在冠年,而名振关辅。时竞誉之徒,莫不猜其早达。或千里负粮,入关抗辩。肇既才思幽玄,又善谈说。承机挫锐,曾不流滞。时京兆宿儒,及关外英彦,莫不挹其锋辩,负气摧衄。

后罗什至姑臧,肇自远从之。什嗟赏无极。及什适长安,肇亦随入。及姚兴命肇与僧叡等,入逍遥园,助详定经论。肇以去圣久远,文义舛杂。先旧所解,时有乖谬。及见什咨禀,所悟更多。因出《大品》之后,肇便著《般若无知论》，凡二千余言，竟以呈什。什读之称善。乃谓肇曰：吾解不谢子，辞当相挹。

时庐山隐士刘遗民见肇此论，乃叹曰：不意方袍，复有平叔。因以呈远公。远乃抚几叹曰：未尝有也。因共披寻玩味，更存往复。

遗民乃致书肇曰：顷餐徽闻，有怀遥仰。岁末寒严，体中何如？音寄壅隔，增用抱蕴。弟子沉疴草泽，常有弊瘵。愿彼大众康和，外国法师休豫不？去年夏末，见上人《般若无知论》，才运清俊，旨中沉允，推步圣文，婉然有归。披味殷勤，不能释手。真可谓浴方等之渊，悟怀绝冥之肆，穷尽精巧，无所间然。但闇者难晓，犹有余疑一两，今辄条之如别。愿从容之暇，麤为释之。

肇答书曰：不面在昔，伫想用劳。得前《疏》并《问》，披寻反覆，欣若暂对。凉风届节，顷常何如？贫道劳疾每不佳。即此大众寻常，什师休胜。秦王道性自然，天机迈俗。城堑三宝，弘通是务。由使异典胜僧，自远而至。灵鹫之风，萃乎兹土。领公远举，乃是千载之津梁。于西域还，得方等新经二百余部。什师于大石寺，出新至诸经。法藏渊旷，日有异闻。禅师于瓦官寺教习禅道，门徒数百，日夜匪懈。邕邕肃肃，致自欣乐。三藏法师于中寺出《律部》，本末情悉，若睹初制。毗婆沙法师于石羊寺，出《舍利弗阿毗昙》梵本，虽未及译，时问中事，发言新奇。贫道一生猥参嘉运，遇兹盛化。自恨不睹释迦祇桓之集，余复何恨。但恨不得与道胜君子同斯法集耳。称咏既深，聊复委及。然来问婉切，难为郢人。贫道思不关微，兼拙于笔语。且至趣无言，言则乖至。云云不已，竟何所辩。聊以狂言，示酬来旨也。

肇后又著《不真空论》《物不迁论》等，并注《维摩》及制诸经论序，并传于世。及什亡之后，追悼永往，翘思弥厉。乃著《涅槃无名论》，其辞曰：经称有余、无余涅槃。涅槃者，秦言无为，亦名灭度。无为者，取乎虚无寂寞，妙绝于有为。灭度者，言乎大患永灭，超度四流。斯盖镜像之所归，绝称之幽宅也。而曰有余无余者，盖是出处之异号，应物之假名。

余尝试言之：夫涅槃之为道也，寂寥虚旷，不可以形名得；微妙无相，不可以有心知。超群有以幽升，量太虚而永久。随之弗得其踪，迎之罔眺其首。六趣不能摄其生，力负无以化其体。眇漭惚恍，若存若往。五目莫睹其容，二听不闻其响。冥冥窈窈，谁见谁晓。弥纶靡所不在，而独曳于有无之表。然则言之者失其真，知之者返其愚。有之者乖其性，无之者伤其躯。所以释迦掩室于摩竭，净名杜口于毗耶。须菩提唱无说以显道，释梵绝听而雨花。斯皆理为神御，故口为缄默。岂曰无辩，辩所不能言也。

经曰：真解脱者，离于言数。寂灭永安，无终无始；不晦不明，不寒不暑；湛若虚空，无名无证。论曰：涅槃非有，亦复非无。言语路绝，心行处灭。寻夫经论之作也，岂虚构哉！果有其所以不有，故不可得而有；有其所以不无，故不可得而无耳。

何者？本三有境，则五阴永灭；推之无乡，则幽灵不竭。幽灵不竭，则抱一湛然；五阴永灭，则万累都捐。万累都捐，故与道通同；抱一湛然，故神而无功。神而无功，故至功常存；与道通同，故冲而不改。冲而不改，不可为有；至功常存，不可为无。

然则有无绝于内，称谓沦于外。视听之所不暨，四空之所昏昧。恬兮而夷，怕焉而泰。九流于是乎交归，众圣于此乎冥会。斯乃希夷之境，太玄之乡。而欲以有无题榜，标其方域，而语神道者，不亦邈哉！其后十演九折，凡数千言，文多不载。

论成之后，上表于姚兴曰：肇闻天得一以清，地得一以宁，君王得一以治天下。伏惟陛下睿哲钦明，道与神会，妙契寰中，理无不统。故能游刃万机，弘道终日。威被苍生，垂文作范。所以域中有四大，王居一焉。涅槃之道，盖是三乘之所归，方等之渊府。渺茫希夷，绝视听之域。幽致虚玄，非群情之所测。肇以人微，猥蒙国恩，得闲居学肆。在什公门下十有余年，虽众经殊趣，胜致非一。然涅槃一义，常以听习为先。但肇才识闇短，虽屡蒙诲喻，犹怀漠漠，为竭愚不已。亦如似有解，然未经高胜先唱，不敢自决。不幸什公去世，咨参无所，以为永恨。

而陛下圣德不孤，独与什公神契。目击道存，快其方寸。故能振彼玄风，以启末俗。一日遇蒙答安成侯嵩问无为宗极，颇涉涅槃无名之义。今辄作《涅槃无名论》，有十演九折。博采众经，托证成喻，以仰述陛下无名之致。岂曰关诣神心，穷究远当。聊以拟议玄门，班谕学徒耳。若少参圣旨，愿敕存记。如其有差，伏承旨授。兴答旨殷勤，备加赞述。即敕令缮写，班诸子姪。其为时所重如此。

晋义熙十年卒于长安，春秋三十有一矣。

参考书目

主要原典

1. 《道行般若经》十卷　后汉·支娄迦谶译　载《大正藏》第八卷

2. 《大明度经》六卷　吴国·支谦译　载《大正藏》第八卷

3. 《光赞经》十卷　西晋·竺法护译　载《大正藏》第八卷

4. 《放光般若经》二十卷　西晋·无罗叉译　载《大正藏》第八卷

5. 《摩诃般若波罗蜜经》二十七卷　姚秦·鸠摩罗什译　载《大正藏》第八卷

6. 《小品般若波罗蜜经》十卷　姚秦·鸠摩罗什译　载《大正藏》第八卷

7.《金刚般若经》一卷　姚秦·鸠摩罗什译　载《大正藏》第八卷

8.《大智度论》一百卷　姚秦·鸠摩罗什译　载《大正藏》第二十五卷

9.《中论》四卷　姚秦·鸠摩罗什译　载《大正藏》第三十卷

10.《十二门论》一卷　姚秦·鸠摩罗什译　载《大正藏》第三十卷

11.《百论》二卷　姚秦·鸠摩罗什译　载《大正藏》第三十卷

12.《中观论疏》十卷　隋·吉藏撰　载《大正藏》第四十二卷

13.《十二门论疏》三卷　隋·吉藏撰　载《大正藏》第四十二卷

14.《百论疏》三卷　隋·吉藏撰　载《大正藏》第四十二卷

15.《中论疏记》八卷　日本·安澄撰　载《大正藏》第六十五卷

16.《三论玄义》一卷　隋·吉藏撰　载《大正藏》第四十五卷

17.《出三藏记集》十五卷　梁·僧祐撰　载《大正藏》第五十五卷

18.《佛说维摩诘经》二卷　吴国·支谦译　载《大正藏》第十四卷

19.《维摩诘所说经》三卷　姚秦·鸠摩罗什译　载《大正藏》第十四卷

20.《注维摩诘经》十卷　东晋·僧肇等撰　载《大正藏》第三十八卷

21.《净名经集解关中疏》二卷　唐·道掖集　载《大正藏》第八十五卷

22.《佛性论》四卷　陈·真谛译　载《大正藏》第三十一卷

23.《胜鬘师子吼一乘大方便方广经》一卷　刘宋·求那跋陀罗译　载《大正藏》第十二卷

24.《佛垂般涅槃略说教诫经》一卷　姚秦·鸠摩罗什译　载《大正藏》第十二卷

25.《大般涅槃经》四十卷　北凉·昙无谶译　载《大正藏》第十二卷

26.《大乘玄论》五卷　隋·吉藏撰　载《大正藏》第四十五卷

27.《大乘大义章》三卷　东晋·慧远问　鸠摩罗什答　载《大正藏》第四十五卷

28.《肇论疏》三卷　唐·元康撰　载《大正藏》第四十五卷

29. 《肇论新疏》三卷　元·文才述　金陵刻经处刻本

30. 《肇论疏》　惠达撰　载《卍续藏经》第一五〇册

31. 《肇论集解令模钞》　宋·净源　复印中国社会科学院哲学研究所图书室所藏复制本

32. 《名僧传钞》　梁·宝亮　载《卍续藏经》第一三四册

33. 《坛经校释》　唐·惠能著　郭朋校释中华书局一九八三年版

34. 《景德传灯录》三十卷　宋·道原纂　载《大正藏》第五十一卷

35. 《五灯会元》二十卷　宋·普济著　中华书局一九八四年版

36. 《大乘起信论》　梁·真谛译　金陵刻经处刻本

37. 《高僧传》初集十五卷　梁·慧皎撰　金陵刻经处刻本

38. 《中国佛教思想资料选编》第一卷—第三卷　石峻等编　中华书局　一九八一年、一九八三年、一九八七年版

39. 《老子新译》（修订本）　任继愈译著　上海古籍出版社　一九八五年版

40.《老子注释》 高亨注 河南人民出版社 一九八〇年版

41.《庄子集释》 郭庆藩集 中华书局 一九八二年重印本

42.《庄子今注今译》 陈鼓应注译 中华书局 一九八三年版

43.《王弼集校释》 魏·王弼著 楼宇烈校释 中华书局 一九八〇年版

44.《世说新语》 刘义庆著 刘孝标注 上海古籍出版社 一九八二年影印王先谦校定本

45.《全上古三代秦汉三国六朝文》 清·严可均校辑 中华书局 一九八一年版

46.《三国志》 晋·陈寿撰 陈乃乾校点 中华书局 一九八二年版校点本

47.《晋书》 唐·房玄龄等撰 中华书局 一九七四年版校点本

48.《后汉书》 宋·范晔撰 唐·李贤等注 中华书局 一九六五年版校点本

主要论著

1.《汉魏两晋南北朝佛教史》 汤用彤著 中华书局一九八三年版

2.《隋唐佛教史稿》　汤用彤著　中华书局　一九八二年版

3.《汤用彤学术论文集》　中华书局　一九八三年版

4.《中国佛学源流略讲》　吕澂著　中华书局　一九七九年版

5.《印度佛学源流略讲》　吕澂著　上海人民出版社一九七九年版

6.《吕澂佛学论著选集》一～五卷　吕澂著　齐鲁书社　一九九一年版

7.《中国佛教哲学简史》　北溟著　上海人民出版社一九八五年版

8.《中国佛教史》第一卷、第二卷　任继愈主编中国社会科学出版社　一九八一年、一九八五年版

9.《汉唐佛教思想论集》　任继愈著　人民出版社一九八一年版

10.《印度佛教哲学》　黄心川著　任继愈主编《中国佛教史》第一卷之附录

11.《汉魏两晋南北朝佛教》　郭朋著　齐鲁书社一九八六年版

12.《隋唐佛教》　郭朋著　齐鲁书社　一九八〇年版

13.《魏晋南北朝佛教论丛》　方立天著　中华书局

一九八二年版

14.《禅学与玄学》 洪修平等著 浙江人民出版社 一九九二年版

15.《禅宗思想的形成与发展》 洪修平著 （台）佛光出版社 一九九一年版、江苏古籍出版社 一九九二年版

16.《肇论研究》（日本）冢本善隆编 京都大学法藏馆 一九五五年版

17.《中国哲学史稿》上、下卷 孙叔平著 上海人民出版社 一九八〇年、一九八一年版

18.《中国哲学发展史》（魏晋南北朝） 任继愈主编 人民出版社 一九八八年版

19.《中国佛教》一～四册 中国佛教协会编 知识出版社 一九八〇年、一九八二年、一九八九年版

20.《佛学研究十八篇》 梁启超著 中华书局 一九四一年版

21.《佛家名相通释》 熊十力著 中华书局 一九八五年版

22.《涅槃思想研究》张曼涛著 （台）大乘文化出版社 一九八一年版

23.《如来藏之研究》 印顺著 （台）正闻出版社 一九八一年版

24.《十大名僧》 洪修平、孙亦平著 上海古籍出版社 一九九〇年版、台湾佛光出版社 一九九一年版

25.《印度佛教史》 （英）渥德尔著 商务印书馆 一九八七年版

26.《中国佛性论》 赖永海著 上海人民出版社 一九八八年版

27.《佛性与般若》 牟宗三著 （台）学生书局印行

28.《周叔迦佛学论著集》上、下集 周叔迦著 中华书局 一九九一年版

29.《中国思想通史》第三卷 侯外庐等著 人民出版社 一九五七年版

主要论文

1.《读惠达肇论疏述所见》 石峻 国立北平图书馆 一九四四年《图书季刊》新第五卷第一期

2.《僧肇"三论"解空的哲学体系初探》 洪修平 《世界宗教研究》 一九八七年第三期

3.《佛教的中国化与僧肇的佛学思想》 洪修平 《复旦学报》一九八八年第四期

4.《论僧肇的佛教哲学——兼与〈中国思想通史〉商榷》 张春波 《中国哲学史研究集刊》第一辑

5.《论发现〈肇论集解令模钞〉的意义》 张春波

《哲学研究》 一九八一年第三期

6.《佛教般若思想的传入和魏晋玄学的产生》 洪修平 《南京大学学报》 一九八五年专刊

7.《也谈两晋时代的玄佛合流问题》 洪修平 《中国哲学史研究》 一九八七年第二期

8.《略论魏晋玄学发展的四个阶段》 汤一介 《中国哲学史研究集刊》 第二辑

9.《佛教般若学"六家七宗"略论》 傅云龙 《中国哲学史研究》 一九八四年第一期

10.《僧肇三论与玄学》 唐君毅 《现代佛教学术丛刊》第四十八册

11.《僧肇与肇论之研究》 大光 《现代佛教学术丛刊》第四十八册

12.《僧肇研究》 安乐哲 《现代佛教学术丛刊》第四十八册

13.《六家七宗的般若思想》 黄忏华 《现代佛教学术丛刊》第四十五册

14.《略论两晋时期的佛教哲学思想》 许抗生 《中国哲学》 第六辑

15.《关于涅槃无名论作者问题的讨论》 刘成有、石峻 《文史哲》 一九九〇年第四期

出版后记

　　星云大师说："我童年出家的栖霞寺里面，有一座庄严的藏经楼，楼上收藏佛经，楼下是法堂，平常如同圣地一般，戒备森严，不准亲近一步。后来好不容易有机缘进到藏经楼，见到那些经书，大都是木刻本，既没有分段也没有标点，有如天书，当然我是看不懂的。"大师忧心《大藏经》卷帙浩繁，又藏于深山宝刹，平常百姓只能望藏兴叹；藏海无边，文辞古朴，亦让人望文却步。在大师倡导主持下，集合两岸近百位学者，经五年之努力，终于编修了这部多层次、多角度、全面反映佛教文化的白话精华大藏经——《中国佛教经典宝藏》，将佛教深睿的奥义妙法通俗地再现今世，为现代人提供学佛求法的方便途径。

　　完整地引进《中国佛教经典宝藏》是我们的夙愿，

三年来，我们组织了简体字版的编审委员会，编订了详细精当的《编辑手册》，吸收了近二十年来佛学研究的新成果，对整套丛书重新编审编校。需要说明的是此次出版将丛书名更改为《中国佛学经典宝藏》。

佛曰：一旦起心动念，也就有了因果。三年的不懈努力，终于功德圆满。一百三十二册，精校精勘，美轮美奂。翰墨书香，融入经藏智慧；典雅庄严，裹沁着玄妙法门。我们相信，大师与经藏的智慧一定能普应于世，济助众生。

东方出版社

图书在版编目（CIP）数据

肇论／洪修平 释译. —北京：东方出版社，2018.8
（中国佛学经典宝藏）
ISBN 978 - 7 - 5060 - 8558 - 8

Ⅰ.①肇…　Ⅱ.①洪…　Ⅲ.①慧—佛经②《肇论》—注释③《肇论》—译文　Ⅳ.
①B942.1

中国版本图书馆 CIP 数据核字（2015）第 267835 号

肇　论
（ZHAOLUN）

释 译 者：洪修平
责任编辑：王梦楠　杨　灿
出　　版：东方出版社
发　　行：人民东方出版传媒有限公司
地　　址：北京市东城区东四十条 113 号
邮　　编：100007
印　　刷：北京京都六环印刷厂
版　　次：2018 年 8 月第 1 版
印　　次：2018 年 8 月第 1 次印刷
开　　本：880 毫米×1230 毫米　1/32
印　　张：8.75
字　　数：150 千字
书　　号：ISBN 978 - 7 - 5060 - 8558 - 8
定　　价：36.00 元
发行电话：（010）85924663　　85924644　　85924641